FLOWSHOWER

Das Internet für die persönliche
Weiterentwicklung nutzen

Texte von **Anja C. Wagner**

Fotos von **Nicole Bauch**

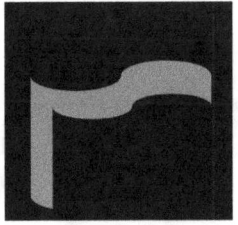

FrolleinFlow House

Berlin

FLOWSHOWER

Anja C. Wagner

ISBN: 9781983174728

www.frolleinflow.com

REBOOT YOUR LIFE

FLOWSHOWER

INHALT

FLOWSHOWER

1 | Selbstverortung in der "Creative Network Society"

Die Ungerechtigkeit der Netzwerkgesellschaft

Seit den ersten Forschungen des Stadtökonomen Richard Florida (2002) gilt die kreative Klasse als zentraler Motor regionalen Wirtschaftswachstums. Dabei ist der Kreativitätsbegriff sehr weit gefasst. Mit der kreativen Klasse kennzeichnet Florida sämtliche Berufsgruppen, die an Prozessen beteiligt sind, neue Ideen zu entwickeln und neue Wege zu beschreiten. Das fängt bei Künstler/innen und Designer/innen an und geht über Entrepreneure bis hin zu Anwält/innen oder Manager/innen, die letztlich die kreativen Ideen verwalten.

Während Stadtplaner/innen angesichts dieses ökonomischen Kreativmotors jubeln, sehen sich viele kleinere Kreative konfrontiert mit einem fundamentalen Problem: Sie bringen an der ein-oder-anderen Stelle ihr Potenzial ein, weil sie kaum eine andere Option des Existenzaufbaus oder der Teilhabe haben - den grossen Gewinn streichen derweil besser vernetzte

Personengruppen ein. Der kreative Mehrwert fliesst in die Töpfe einiger Weniger, die sich in der Verwertungslogik strategischer positioniert haben. Zudem wird diese merkwürdige Situation flankiert von komplizierten, politischen Diskursen (Urheberrecht, Rentenversicherung, Netzneutralität etc.), die zumeist der Bestandswahrung alter, tradierter Herrschaftsverhältnisse dienen.

Was kann man tun?

Damit sind wir beim Prinzip der Netzwerkgesellschaft angelangt. Die "Network Society" ist eine theoretische Matrix des Soziologen Manuel Castells, mit der man m. E. recht gut den Zustand unserer heutigen Welt verstehen kann und gleichzeitig Möglichkeiten der Partizipation sieht.

Demnach leben wir in einer Phase des Informationalismus, in der Datenströme auf verschiedenen gesellschaftlichen Ebenen rund um den Globus gejagt werden. In diesem so genannten "space of flows", dem "Raum der Ströme", hat sich eine Netzwerkkultur etabliert, die unser weltgesellschaftliches Miteinander auf politischer, sozialer und ökonomischer Ebene bestimmt. Dabei konfigurieren sich Netzwerke rund um einzelne Projekte, die verschiedene Netzwerkknoten miteinander temporär verbinden.

Beteiligt an den Netzwerken sind also all die Knoten, die einen aktiven Beitrag für ein bestimmtes Netzwerk leisten. Als Knoten können Algorithmen auf einem Computer-Server ebenso dienen wie z.B. eine "Community of Practice" oder ein einzelner Mensch. Die Logik aus Sicht des Netzwerks ist ganz einfach: Das Netzwerk erstreckt sich über die beteiligten Netzwerkknoten. Wer sich nicht einbringt, wird vom Netzwerk automatisch umschifft - das muss man nicht persönlich nehmen, das Netzwerk funktioniert dann halt einfach ohne diesen spezifischen Knoten.

Aus dieser Erkenntnis lassen sich verschiedene Fragen ableiten: Will man sich als kreativer Mensch z.B. nicht als Opfer der Umstände wahrnehmen, muss man in die Netzwerke hinein. Und möchte man sich gar auf verschiedenen Netzwerkebenen (persönlich, beruflich, sozial, politisch) einbringen, drängt sich eine Frage in den Vordergrund:

Wie qualifiziert man sich als geeigneter Netzwerkknoten?

Um die individuelle Antwort der Leser/innen soll es im FlowShower gehen. Nicht als Pauschallösung, welchen extern definierten Anforderungen man Genüge tun sollte. Sondern als Anregung, überhaupt erst einmal die zugrunde liegenden Prozesse zu verstehen. Um dann mittels gezielter Aufgaben mögliche Einstiegspunkte zu identifizieren, wie man selbst am gewünschten "space of flows" aktiv partizipieren kann und in Flow kommt.

Aufbau der Netzwerkgesellschaft

Die Theorie rund um die "Netzwerk- gesellschaft" entwickelte Manuel Castells bereits Ende der 1990er Jahre. Weltweit wird Castells sehr oft in den Sozial- und Kommunikationswissenschaften zitiert, leider aber kaum im deutschsprachigen Raum. In unseren Breitengraden beruft man sich eher auf die Theorien rund um die Informations- oder Wissensgesellschaft. Dabei hat es Informationen und Wissen schon immer gegeben, wie Castells meint - das wesentlich Neue der heutigen Zeit seien die durch die neuen Informations- und Kommunikations- technologien angestoßenen Prozesse, als da wären:

1. Internationalisierung der Ökonomie

2. Aufkommen globaler Finanzmärkte

3. Entstehen von Netzwerkunternehmen

4. Individualisierung der Arbeit

Diese vier Dimensionen reorganisierten über die Zeit sämtliche sozialen Prozesse zu vernetzten Strukturen der Weltgesellschaft, weil sie einen "Flow" an Informationen, Menschen und Innovationen im globalen Stil ermöglichten.

Konsequenter Weise verortet Castells diese vielfältigen Informationsflüsse im "space of flows". Es handelt sich dabei nicht um einen homogenen Raum; vielmehr existieren darin verschiedene verschachtelte Etagen mit wenigen Treppenhäusern und Aufzügen. So ist das "World Wide Web" sozusagen das Souterrain des "space of flows", andere Etagen bilden die Finanzmärkte, die Mediennetzwerke, die Kommunikations- netzwerke, Intranets und Extranets von Unternehmen, transnationale Produktions- prozesse, Plattformen globaler sozialer Bewegungen, vernetzte politische Regierungs- arbeiten etc. Jede Etage beheimatet zudem unterschiedliche Netzwerke, die mehr oder weniger miteinander arbeiten (können).

Mit anderen Worten:

Der "space of flows" ist komplex aufgebaut. Von außen betrachtet, handelt es sich um ein zerklüftetes Gebilde, das in seiner Vielschichtigkeit kaum zu verstehen ist. Nur wenn man Teil eines oder mehrerer Netzwerke ist, ahnt man ggf. die unmittelbaren Wechselbeziehungen des jeweiligen Netzwerkes. Aber, wie gelangt man in die Netzwerke? Denn letztlich wird unsere gesamte Weltgesellschaft maßgeblich durch den

Informationsaustausch innerhalb des "space of flows" geprägt. Man muss also rein, will man nicht ausgeschlossen sein und lediglich außen die Entwicklungen hinnehmen.

Relevanz von Netzwerkknoten

Ein Netzwerk besteht aus mehreren Knoten und dreht sich um ein gemeinsames Projekt. Ein Knoten ist (mit Castells gesprochen) der Punkt, "an dem eine Kurve sich mit sich selbst schneidet" und der in verschiedenen Netzwerken je unterschiedliche Gestalt annehmen kann. Das bedeutet, wenn ein Knoten einem Netzwerk wertvolle Informationen hinzufügt, gewinnt diese Schlaufe für das spezifische Netzwerk an Bedeutung. Landen dagegen sämtliche Netzwerk-Informationen in einer Sackgasse, bringt dies dem Netzwerk keinen Mehr-Wert und es konstituiert sich fortan anders. Das ist ein besonderes Kennzeichen von Netzwerken: Sie sind flexibel, skalierbar und überlebensfähig.

Um zu einzelnen Etagen des "space of flows" Zugang zu erhalten, braucht es bestimmter physischer Orte. Damit ist ein "space of places" gemeint, der jeweils bestimmte Anforderungen mitbringen muss, um zunächst als Ort eine besondere Relevanz für ein bestimmtes Netzwerk zu erlangen. Es bedarf einer Häufung an Knoten und Verteilern am "space of places", die eine gewisse Größe erfordern, um Relevanz im "space of flows" entwickeln zu können - inklusive einer höheren Dichte an intellektuellen Eliten.

Und für Elitenbildung braucht es wiederum einer spezifischen räumlichen Verteilung (hergestellt über z.B. Mietenspiegel, "gated communites", Security-Dienste, Lounges, Hotels, Clubs etc.). Ohne gesellschaftliche Eliten vor Ort, so könnte man sagen, entwickelt sich kaum ein Eingang in relevante Treppenhäuser und Aufzüge der Netzwerkgesellschaft, um zumindest einzelne Etagen zu erreichen. Erst über (zufällige) Real-Kontakte im physikalischen Raum lassen sich ggf. wechselseitig befruchtende, vertrauensvolle Kollaborationen aufbauen, die Türen aufzustoßen vermögen.

Doch wer ist die Elite in der Netzwerkgesellschaft?

Es sind nach Castells vor allem Produzent/innen hochwertiger Innovationen und Instrumente, die gut vernetzt im "space of flows" die Weltgesellschaft vorleben. Diese Gruppe umfasst nicht allzuviele Personen, wird aber flankiert von einer breiteren Schicht gut ausgebildeter Menschen, die für eine hohe Schlagkraft bei der Umsetzung der Innovationen in effiziente Produkte und Dienstleistungen sorgen.

Solange also Menschen über Fähigkeiten oder Mittel verfügen, die ihrer Person anhaften, lassen sie sich der für die Netzwerkgesellschaft relevanten Personengruppe zuordnen. Richtig schwierig wird es für die Personen, die über keine spezifischen Fähigkeiten verfügen und damit am Arbeitsmarkt austauschbar sind. Sie sind somit redundante Produzent/innen der Netzwerkgesellschaft, so makaber es klingt, und landen nicht selten in der Schattenökonomie.

Was bedeutet das für kreative Menschen?

Herausforderung für Kreative

Richard Floridas "Theorie der kreativen Klasse" dient als Leitbild vieler Regionen und Stadtplaner/innen, um Talente anzuwerben, die an ihrer Person haftende Fähigkeiten mitbringen. Die Bedeutung von Metropolen steigt - bereits heute lebt mehr als 50 % der Weltbevölkerung in urbanen Zentren (UNO-Prognose für 2050: 70 %).

Damit wächst neben dem Innovationsvermögen auch das Widerstands- potenzial in den Städten, über die Zivilgesellschaft einen politischen Einfluss auf die Netzwerkgesellschaft auszuüben. Menschen können also auch als "High Potentials" der sozialen Bewegungen durchaus einen besonderen Beitrag zur "Creative Network Society" leisten - wenn sie das Netz qualitativ nutzen.

Welche Konsequenzen folgen aus diesen Überlegungen?

Die moderne Informationselite agiert im kosmo-politischen Raum, während die einfachen Leute im lokalen Raum leben - es entstehen

Paralleluniversen. Will man teilhaben an der Netzwerkgesellschaft, muss man haptisch an der Infrastruktur andocken. Wem diese Teilhabe verwehrt bleibt, ist marginalisiert - seien es Menschen, Institutionen oder Orte.

Auch "Communities of Practice" oder "Networks of Practice" lassen sich zu qualitativen Netzwerkknoten formen, wenn sie Impulse aus größeren Netzwerken aufgreifen und angereichert wieder zurückgeben. Mit Netzzugang kann eine Person qualitative Fähigkeiten und neue Netzwerke mit aufbauen helfen. Hier können neue Eliten entstehen, die an den Schnittstellen des "space of places" zum "space of flows" auf den Fluss von Kapital, Informationen und Wissen strategisch Einfluss nehmen.

Im "Cyberspace" wird ein digitaler Körper nicht mehr aufgrund seiner veränderten Lage im Raum (Dokumente von einem Ordner zum nächsten schieben), sondern durch seine Veränderung in der Zeit im Fluss wahrgenommen. Der Umgang mit diesen fließenden Informationen wird zur vierten

Kulturtechnik (neben Schreiben, Lesen, Rechnen), um eine Interaktion mit zeitlich sich verändernden Artefakten zu gewährleisten. Indem sich Personen selbst im vernetzten Fluss bewegen, kann diese Kulturtechnik als integrierte Erfahrung erlebt und weiter entwickelt werden. Das gilt es, sich zu vergegenwärtigen.

Wie situiert man sich in der kreativen Netzwerkgesellschaft?

Um sich selbst einige Orientierungspunkte zu definieren, entlang derer man in einen vernetzten Fluss gelangt, lassen sich folgende fünf Handlungsschritte empfehlen:

1. Eigene persönliche, berufliche, soziale und politische Ambitionen in der Netzwerkgesellschaft definieren.

2. Welche Netzwerke mit welchen Netzwerkknoten beeinflussen meine Ambitionen?

3. Wo sitzen die wichtigen räumlichen Cluster?

4. Welchen Beitrag könnte man für einzelne Netzwerke leisten?

    a. Wo kann man selbst zum hochwertigen Produzenten aufsteigen?

    b. Wie entwickelt man fließende Informationen, die ihren Weg in die Netzwerke finden?

5. Relevanz der eigenen Aktivitäten überprüfen und qualitativ verbessern.

Literatur

Castells, Manuel (2000): The Rise of The Network Society: The Information Age: Economy, Society and Culture

Florida, Richard (2002): The Rise of the Creative Class: And How It's Transforming Work, Leisure, Community and Everyday Life

Wagner, Anja C. (2012): UEBERflow. Gestaltungsspielräume für globale Bildung

Wellman, Barry (2010): The Rise of Networked Individualism

FLOWSHOWER

Aufgabe 1: Deine Ausgangslage in der Netzwerkgesellschaft

Bitte fülle jeden Baustein mit 1-2 persönlichen Stichwörtern. Du kannst Dich an den 5 Fragen zu "Wie situiert man sich in der kreativen Netzwerkgesellschaft?" orientieren.

	Ambi-tionen	Rele-vante Netz-werke	Räum-liche Clus-ter	Dein Bei-trag	Deine Rele-vanz
PERSÖN-LICH					
BERUF-LICH					
SOZIAL					
POLI-TISCH					

FLOWSHOWER

2 | Möglichkeiten in der modernen Bildungsindustrie

Wer will schon was mit Bildung zu tun haben?

Letzthin empfahl mir ein befreundeter Kreativer, nicht so viel über Bildung zu sprechen, denn "Bildung" assoziiere jeder normale Mensch mit Schule und Schule war "blöd". Damit sind wir am Kern des Problems angelangt. Oder, wenn man das Problem aus Sicht einer einzelnen Person beschreibt:

Man möchte sich weiter entwickeln, weiß aber gar nicht so genau, wie. Lebenslanges Lernen wird zwar auf der politischen Klaviatur seit Jahrzehnten proklamiert, komischer Weise aber kaum gelehrt. Ganz im Gegenteil: Fast alle Aus- und Fortbildungsszenarien sind auf Frontalunterricht (Pult, Skript o.ä.) ausgelegt.

Als "Lehrender" kaut man das Thema vor, lässt einige Übungen vollziehen, um die Message der "Wissensvermittlung" zu verstehen, prüft den Erkenntnisgewinn dann ab und es gibt ein Zertifikat. Alternativ werden funktionale "Kreativ"-Workshops angeboten, um die Softskills der Teilnehmer/innen zu aktivieren, damit man endlich seine Dinge geregelt bekommt, sich intrinsisch motiviert, dem Chef seine Meinung sagt, seine Angestellten besser führt o.ä.

Resultat: 4% aller EU-BürgerInnen bilden sich durchschnittlich pro Jahr weiter - mit wachsendem Bildungsgrad und Einkommen.

Angesichts dieses Problems und der offensichtlichen Marktlücke wächst eine gigantische, privat organisierte Bildungsindustrie im imposanten Tempo heran. In den USA spricht man bereits vom bildungsindustriellen Komplex. Es fliesst hier richtig viel Geld in Profit- oder Non-Profit-Organisationen. Und die Hochschulen reagieren in einem verzweifelt wirkenden Kampf, nicht ihren Einfluss zu verlieren.

Was bringt diese ganze Maschinerie aber nun den einzelnen kreativen Menschen, die sich persönlich weiter entwickeln möchten? Hat hier irgendwer noch einen Überblick, was dieser ganze Bildungskrams überhaupt soll - außer Bestandstandswahrung für die einen und Profit für die anderen? Das ist ein Problem unserer Zeit - und wir bemühen uns in diesem Kapitel um eine grobe Orientierung.

Bildung & (Hoch-)Schulen in der Netzwerkgesellschaft

Bildung ist nicht aller Lieblingsthema. Aber in diesen Tagen im Herbst 2012 kommt man nicht umhin, sich mit einigen Meinungen zu beschäftigen. Entweder macht uns angeblich das Internet (Spitzer[1]) oder die Schule ohne jeden Netzbezug (Hüther[2]) dumm. Ich weiss nicht, ob wir den Erkenntnissen älterer Herren aus der Hirnforschung intensiver zuhören sollten (auch wenn Hüther's Thesen durchaus anschlussfähig sind für unsere Ausführungen). Was mir problematisch erscheint, ist der in der Öffentlichkeit verbreitete Irrglaube, Medien seien generell kein adäquater Bildungsort. Nähern wir uns dieser Frage einmal von einem anderen

---

[1] stellvertretend für viele Rezensionen: http://schulesocialmedia.com/2012/08/22/rezension-manfred-spitzer-digitale-demenz/
[2] hier ein aktuelles Interview mit ihm in der TAZ: http://www.taz.de/Hirnforscher-uebers-Schulsystem/!101054/

Standpunkt.

Fasst man verschiedene Onlinestudien zusammen, so nutzen 75 - 85 % aller deutschen, österreichischen und schweizerischen EinwohnerInnen das Internet, mit steigendem formalen Bildungsgrad bzw. Einkommen und abnehmender Altersstufe. Der mobile Zugriff greift rasant um sich, zu Lasten der stationären Nutzung. Und bei den 14 - 29 Jährigen hat die Internet-Nutzung die Anzahl der Fernsehstunden überrundet. Onlinespiele werden laut ARD-/ZDF-Onlinestudie 2012 von knapp einem Viertel dieser Zielgruppe wöchentlich besucht, Online-Communitys dagegen von drei Viertel der jungen Internetnutzer/innen.

Ansonsten lassen die Zahlen eine ziemlich ausgeprägte Netzkompetenz v.a. der jüngeren Bevölkerung erkennen, da sämtliche expliziten Internet-Nutzungsformen verhältnismäßig oft in Anspruch genommen werden (von "zielgerichtet bestimmte Angebote/Informationen suchen" bis "RSS-/News-Feeds"). Das ist unsere Welt des Jahres

2012 - und ich nenne sie Netzwerkgesellschaft.

Nehmen wir einmal an, diese Zahlen reflektieren in etwa unsere Lebenswirklichkeit, dann liesse sich konstatieren: Da der Mensch größtenteils ein soziales Wesen ist, pflegt man heutzutage seine sozialen Kontakte nicht mehr nur am "space of places", sondern auch im "space of flows".

Inwieweit finden Menschen hier Unterstützung in der klassischen Bildungslandschaft? Klassisch meint in diesem Kontext ein formales Setting, das sich vorzugsweise um einen möglichst geschützten, möglichst geschlossenen Raum dreht, um Menschen vorzugsweise auf die weltwirtschaftliche Netzwerk-Ebene vorzubereiten - und das bedeutet, sich möglichst für das Schichtenmodell der Arbeitsteilung zu qualifizieren, wie im vorherigen Kapitel beschrieben.

Nun ist durch die Netzwerkgesellschaft einiges ins Rutschen gekommen im Bildungssystem. Und im Grunde sind sich hier fast alle Expert/innen einig: Unser Bildungssystem ist massiv überfordert mit diesen rasanten Entwicklungen. Eine Reform jagt die nächste, aber wenn wir die oben zitierte Diskussion uns vor Augen führen, so zeigt auch dies die Hilflosigkeit einer Generation, deren zentrale Qualifikationen sie in einer Zeit erwarb, als das Internet noch gar nicht geboren war. Das ist also der Rahmen, in dem sich Schulen und Hochschulen wie Getriebene in der Netzwerkgesellschaft bewegen - sie sind längst keine Treiber mehr der Gesellschaft. In diese Lücke stösst eine imposante Bildungsindustrie im Netz, mit teilweise grossen Dollarzeichen in den Augen.

Moderne Bildungsindustrie in der Netzwerkgesellschaft

Im Grunde lässt sich die Bildungsindustrie derzeit in drei Bereiche untergliedern:

1. Der Nachhilfesektor gilt als Wachstumsmarkt aufgrund des massiven Verwertungsprozesses, in den Schüler/innen und Studierende mit klaren Abschlussforderungen hinein gedrängt werden. Das klassische Bildungssystem

kanalisiert sie zu ökonomischen Menschen, indem v.a. die sprachliche und mathematisch-logische Intelligenz betont wird, um im Berufsleben erfolgreich zu sein. Es besteht ein Ausleseprozess, wer am Schluss in die Schicht der "relevanten" Produzent/innen aufsteigen darf.

2. Zivilgesellschaftliche Kräfte erproben derweil alternative Modelle, die sich im weitesten Sinne unter "Open Education" zusammen fassen lassen. Diese Bewegung ist bei weitem nicht homogen, vielmehr wird sie von sehr unterschiedlichen Wertvorstellungen und Profit-Interessen geleitet.[3]

   a. Auf der gesellschaftlichen Ebene arbeiten manche in Richtung offene Gesellschaft, andere suchen nur nach neuen Wegen, das klassische (Gatekeeper-)System in den

---

[3] Anläßlich der Open Education Week 2012 hatte ich einen entsprechenden Artikel in englischer Sprache geschrieben: http://frolleinflow.com/blog/2012/03/05/blickwinkel-auf-open-education

virtuellen (globalen) Raum fortzuführen.

b. Auf der individuellen Ebene unterscheiden sich die Initiativen, inwiefern sie lediglich Selbst-Verantwortung fordern oder auch bereit sind, diese sozial (inkludierend) aufzufangen.

c. Auf der erzieherischen Ebene vermag "Open Education" entweder die Vielfalt der lehrenden Personen und Institutionen unterstützen oder primär die Filter-Prozesse des klassischen Systems optimieren, indem die klassischen Lehrenden zur Zusammenarbeit angeregt werden.

d. Auf der institutionellen Ebene geht es letztlich darum, ob man eher an die reinigende Kraft des Wettbewerbs oder der Öffentlichkeit glaubt.

Ordnen wir den umrissenen Ebenen die verschiedenen Initiativen der "Open Education"-Bewegung zu, die sich derzeit abzeichnen, dann liesse sich dies zu folgender Tabelle zusammen führen.

	Gesell-schaft-liche Ebene	Indivi-duelle Ebene	Erziehe-rische Ebene	Institu-tionelle Ebene
KURSE				
Open LMS Netzwerke z.B. http://www.iversity.org/	Gate-keeper	Forde-rung	Filter	Wett-bewerb
Open Courseware z.B. http://ocw.mit.edu	Gate-keeper	Forde-rung	Filter	Wett-bewerb
MOOCs z.B. http://change.mooc.ca	Gate-keeper	Inklu-sion	Filter	Wett-bewerb
Crowd Courses z.B. http://all.thepublicschool.org	Offene Gesell-schaft	Inklu-sion	Vielfalt	Öffent-lichkeit
Free Courses z.B.	Offene Gesell-	Inklu-sion	Filter	Öffent-lichkeit

http://p2pu.org	schaft			
CONTENT				
Open Access z.B. http://open-access.net	Gate-keeper	Inklu-sion	Filter	Wett-bewerb
OER (Videos, Games, Audios, Books etc.) z.B. http://www.oercommons.org	Offene Gesell-schaft	Inklu-sion	Vielfalt	Wett-bewerb
Open Science z.B. http://www.openscience.org	Gate-keeper	Inklu-sion	Vielfalt	Wett-bewerb
Open Coaching z.B. http://www.khanacademy.org	Gate-keeper	Forde-rung	Filter	Wett-bewerb
Open Culture z.B. http://www.openculture.com	Offene Gesell-schaft	Inklu-sion	Vielfalt	Öffent-lichkeit
TECHNOLOGIE				
Open Source z.B. http://moodle.org	Offene Gesell-schaft	Inklu-sion	Filter	Öffent-lichkeit
OLPC z.B.	Offene Gesell-	Forde-rung	Vielfalt	Öffent-lichkeit

http://one.lapt op.org	schaft			
INSTITUTION				
Open Government z.B. http://www.gov ernment.nl/	Gate-keeper	Inklu-sion	Filter	Wett-bewerb
Open Data z.B. http://www.dat a.gov/	Offene Gesell-schaft	Inklu-sion	Vielfalt	Öffent-lichkeit

Tabelle 1: Die Vielfalt der Open Education Bewegung

3. Schließlich hat das Netz als moderner Lernraum die öffentlichen Institutionen über die Hintertür erreicht. Das klassische System sucht händeringend nach Wegen, ihr Einflussgebiet sowohl räumlich wie zeitlich zu erweitern, um neue Nutzer/innen-Gruppen anzusprechen. Herausragende US-Hochschulen über-schwemmen dabei den Markt mit ihren kostenfrei bereit gestellten Vorlesungen - und treten damit in die globale Wettbewerbsstufe beim Kampf um

Lehrräume ein. Deshalb schalten sie gross angelegte "Massive Open Online Courses" über Udacity, Coursera, EdX und wie die Plattformen alle heissen, um ihren Einfluss global zu verfestigen.

Fassen wir zusammen:

Einerseits stehen immer mehr professionelle Videos und Materialien unterschiedlicher Qualität offen zur Verfügung. Über Suchmaschinen, Wikipedia, Facebook, Twitter und sonstige soziale Medien wie z.B. Blogs, "Communities of Practice", Foliensammlungen, Social Bookmarking etc. pp. lassen sich diese ggf. finden und individuell weiter denken und verarbeiten. Weitere Plattformen mit (un-)klaren Geschäftsmodellen entstehen derzeit.

Auf der anderen Seite positionieren sich vielfältige Online- und Offline-Lerncoaches, die den Lernenden zur Seite stehen, um diese durch die offenen Bildungsressourcen zu leiten.

Was bedeutet das für einen selbst?

Individuelle Möglichkeiten der persönlichen Weiterentwicklung

Es hat sich längst herum gesprochen: "Soft Skills" sind die neuen "Hard Skills". Wissen steht im Netz und wird sukzessive verfeinert. Man muss (nur noch) lernen, dieses qualitative Wissen zu finden und einzuordnen.

Dabei können (Hoch-)Schulen vielleicht noch etwas behilflich sein, allerdings habe ich Zweifel angesichts der Netz-Ferne dieser Institutionen. Andere (Markt-)Player werden sich hier in den Vordergrund spielen. Inwiefern es mittelfristig noch Sinn macht, nach dem Online-Studium ein Zertifikat einer Hochschule "zu kaufen", bleibt fraglich.

Zwar zitiert die Bundesregierung gerne die Durchschnittswerte von Studien, die belegen, dass sich ein Studium von der Rendite her lohne. Dem stehen aber andere aktuelle Studien entgegen, die pauschale Empfehlungen zugunsten eines Studiums in Frage stellen, da dieses keinen materiellen Mehrwert zwangsläufig nach sich zieht. Aufstieg durch Bildung ist eine Mär und lässt sich in der Netzwerkgesellschaft mit ihren dezentralen, unstrukturierten Lebenswegen nicht am Reißbrett planen.

"Ob ein Hochschulstudium (...) einen finanziellen Vorteil bringt, hängt stark vom gewählten Fach ab."

Deutsches Institut für Wirtschaft

Will man also persönlich von dem weltweit vorhandenen Online-Angebot profitieren, gilt es -nach Identifikation der eigenen Ambitionen-, sich einen Weg durch den Informations- und Kurs-Dschungel zu schlagen und diesen Input konstruktiv zu verarbeiten. Leider existiert aber kein intelligenter, globaler Navigator, vergleichbar zu Amazon mit seinen Empfehlungen.

Von daher empfehlen wir http://www.openculture.com/ als Startpunkt. Dort kann man sich einen Überblick über kostenfrei verfügbare Angebote verschaffen (leider nur in englisch verfügbar - im deutschsprachigen Raum fehlt eine solche Übersicht). Hat man noch keine Idee, für welche Themen man sich begeistern könnte, dem sei das folgende Arbeitsblatt nahegelegt.

Aufgabe 2: Dein erster Überblick

Deine persönliche Mindmap

1. Notiere bitte zentrale Begriffe rund um Deine Ambitionen aus Woche 1 in der Mindmap. Zeichne bei Bedarf weitere Linien hinein.

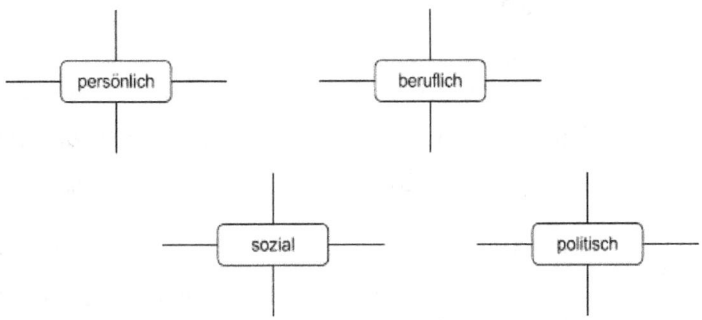

Die Schnittmengen

2. Finde Schnittmengen zwischen Deinen verschiedenen Ambitionen?! Markiere mögliche Verbindungslinien zwischen einzelnen Stichwörtern. Oder kannst Du einzelne Begriffe verschiedenen Sphären zuordnen? Sortiere Deine Mindmap möglichst übersichtlich. Zeichne sie ggf. selbst neu.

3. Welche Begriffe solltest Du besser durchdringen, um die Keyplayer zu identifizieren? Markiere sie! Kannst Du in den Bildungsplattformen wie Udacity, Coursera, EdX, Codeacademy etc. entsprechende Inhalte finden? Melde Dich dort an!

Die Folgen

4. Sammle in der nächsten Zeit interessante Inhalte zu Deinen zentralen Stichwörtern. Folge den Beiträgen potentieller Keyplayer in den sozialen Medien. Verschaffe Dir einen Überblick, indem Du selbst einen RSS-Reader oder einen Webtop (wie Netvibes) aufsetzt.

5. Reflektiere die gewonnenen Erkenntnisse und schreibe sie nieder. Ob handschriftlich in einem Notizbuch oder digital in einem Blog, bleibt Dir überlassen. Mach Dich auf den Weg: Werde zu einer Expertin oder zu einem Experten in den Themenfeldern, die Dich persönlich interessieren!

3 | Eigenen Digital Divide erkennen

Digital Divide - das ist doch nichts, was unmittelbar mit mir zu tun hat, oder?

Wir haben in den beiden vorherigen Kapiteln gesehen: In der "Creative Network Society" ist es dringend erforderlich, sich als Netzwerkknoten in die asymmetrischen Netzwerke einzubringen, will man nicht nur willfähriges (Konsum-)Opfer auf verschiedenen Ebenen sein (privat, beruflich, politisch). Diese Kompetenz haben wir aber allesamt nicht in unserer klassischen (Aus-)Bildung gelernt. Und die moderne Bildungsindustrie kann uns hier auch nicht weiterhelfen, weil sie nur in die Lücken hinein drängt, die das klassische Bildungssystem reißt.

Wer nun denkt: "Ich verfüge doch über einen Internetzugang und kann (optional) ein Smartphone technisch bedienen" - das alleine reicht leider noch nicht, um den Digital Divide zu überbrücken. Zwar ist der Netzzugang eine wesentliche Voraussetzung für die Teilhabe, aber damit ist es nicht getan. Auch die gern bemühte

"Medienkompetenz" ist hier nicht alleine ausreichend.

Das Problem ist deutlich komplexer und auf manche Entwicklungen haben wir nur bedingt Einfluss. Mancherorts sind die Widerstände sehr gross - viele Lobby-Gruppen leben gut davon, wenn möglichst wenige Personen sich im eigenen Flow bewegen. Die teilweise fehlende Netzwerk-Kompetenz der uns umgebenden Kultur(en), das Netz eben nicht nur funktional zugunsten der eigenen Dienste zu nutzen, führt dann letztlich zu den Kämpfen rund um Netzneutralität, Urheberrechtsdebatten, Schultrojanern, Schufa 2.0 usw.

Zwar wacht die sog. "Netzgemeinde" über solche Fehlentwicklungen und organisiert die Kanalisierung der dezentralen Widerstände. Aber auch in der Zivilgesellschaft sind gewisse Eitelkeiten hinsichtlich der Deutungshoheit bestimmter Entwicklungen weit verbreitet. Will man also auch hier nicht nur "Opfer" sein und schließlich mit den ausgehandelten Ergebnissen leben müssen, gilt es als Normal-Bürger/in die Grundproblematik der Kämpfe zu verstehen (man muss nicht unbedingt in die Detail-Debatten einsteigen). Tatsächlich sind nämlich all diejenigen in der Netzwerkgesellschaft exkludiert, die durch die Verlagerung der Kommunikation in andere Räume einfach ausgeschlossen sind. Nicht aktiv verdrängt, als vielmehr einfach vergessen. Auch dies ist ein wesentlicher Ausdruck des Digital Divides - und davon sind wir alle betroffen.

Letztlich geht es darum, sich aus dieser lähmenden Konsumhaltung zu befreien - auf allen nur denkbaren Ebenen. Darum soll es in diesem Kapitel gehen. Denn wie ein altes Kartenspiel-Motto treffend lautet: Wer schreibt, der bleibt ;-)

Der Digital Divide als nationale Spaltung?

Bei "Digital Divide" denken netzaffine Personen in der Regel, dass es sich um andere Menschen in anderen Weltregionen handelt. Die Zahlen scheinen eindeutig: 32,7% der Weltbevölkerung sind online - allerdings nicht gleich verteilt über die Kontinente. In Europa (61,3%), Ozeanien/Australien (67,5%) und Nordamerika (78,6%) nutzt bereits die grosse Mehrheit das Netz - ergo ist der Digital Divide nicht unser Problem? Diese auch in der Wissenschaft gängige Sichtweise verstellt leider den Blick auf die Details. Richten wir den Fokus auf ALL diejenigen, die digital ausgeschlossen sind.

Wer ist das?

Die Ebenen des Digital Divide

Grundsätzlich kann man den Digital Divide auf 5 verschiedenen Ebenen ansiedeln:

1. Wesentliche Voraussetzung für eine digitale Teilhabe ist der "Access", der physische Zugang zum Netz. Dabei muss man zwischen Zugang zu den Leitungen und Zugang zu den technologischen Geräten (mitsamt der Businessmodelle) unterscheiden. In unseren Breitengraden assoziiert man Breitband als Maßstab für einen guten Zugang zu den Leitungen. In

anderen Weltregionen ist der mobile Zugang weit entscheidender, da er geringere Partizipationshürden zu überwinden hat. Und hier wird auch das meiste Geld verdient: Das wertvollste börsennotierte Unternehmen aller Zeiten ist derzeit Apple, v.a. zurückzuführen auf die Einführung des iPhones und des iPads. Der reichste Mensch der Erde ist der Mexikaner Carlos Slim Helú - sein Vermögen macht(e) er in der Telekommunikationsbranche.

2. Eine weitere Ebene stellen erforderliche "Skills" dar. Bei dieser Diskussion übersehen viele gerne, dass "das Internet" aus verschiedenen Komponenten besteht: Medium, Werkzeug und Gestaltung des Kulturraums sind drei Facetten, die unterschiedlicher Fähigkeiten bedürfen. Bei der Diskussion rund um "Medienkompetenz" konzentriert man sich auf die mediale Facette - wie man Artefakte im Netz mit Inhalten auflädt bzw. wie man

deren tieferen Sinn interpretieren lernt. Die Werkzeug- und Kulturraum-Facetten hingegen lassen sich aus meiner Sicht eher mit "Netzkompetenz" greifen. Und diese Kompetenz wird derzeit informell im Netz über "learning by doing" erlebt. Hier kommt die Bildungsqualität der sozialen Netzwerke zum Tragen - die soziale Praxis des persönlichen Netzwerkes vermittelt die konkrete Nutzung des Netzes. Der soziale Kontext suggeriert die Interaktionspotenziale - und dies erklärt auch die Kraft des mobilen Gebrauchs von Smartphones. Mobile Endgeräte entspringen nicht primär dem Arbeits-, sondern dem Freizeitkontext - sie verbinden das soziale Umfeld mit der Person.

3. Auch auf der Ebene des "Contents" wird der Digital Divide fortgeführt. Unsere Kulturgeschichte ist maßgeblich durch eine mediale Konsumgesellschaft geprägt. Bücher, Gemälde, Fotografien, Filme und Fernsehen sind allesamt passive Medien,

die zum Konsum einladen - es sei denn, man versteht sich selbst als aktiveR KreativeR. Das Urheber-/Leistungsschutzrecht und die Diskussionen rund um Netzneutralität entsprechen Kämpfen, die die Rechte der alten Contentindustrie zu schützen versucht. Allerdings wird ein Ausschluss aus der Konsum-Welt nur dann als Ausschluss wahrgenommen, wenn man Konsum als Wert akzeptiert. Hingegen zielen Entwicklungen in Richtung "Creative Commons" und "Open Educational Resources" auf die Werkzeug-Ebene des Internets, in der jeder Beteiligte einen persönlichen Beitrag zur Weiterentwicklung des (sozialen) Contents liefern kann. Hier entsteht ein Hebel für soziale oder politische Partizipation. Und hier lässt sich tatsächlich ein Ausschluss erfahren, wenn keine OER/CC zur Verfügung stehen, damit Menschen diese weiterentwickeln können.

4. Als vierte Ebene des Digital Divide gilt die persönliche "Motivation", sich auf die Netzwerkgesellschaft überhaupt neugierig einzulassen. Allerdings entscheiden hier v.a. sozio-kulturelle Einstellungen wesentlich mit über Ausmaß und Wirkungsgrad der individuellen Internet-Nutzung. Ist die gesamtgesellschaftliche Netzwerk-Kompetenz eher schwach ausgeprägt, muss man sich über fehlende Netz-Kompetenz in der Bevölkerung nicht wundern. Oder wie es gerade auf Twitter kolportiert wird: In Deutschland führt "Digitale Demenz" die Spiegel-Sachbuch-Bestsellerliste an, während in Estland "Programmierung" in den Lehrplan ab dem ersten Schuljahr eingeführt wird.

5. Schließlich definiert die internationale Internet Governance die "Repräsentation" innerhalb der globalen Internetordnung - und diese wird wesentlich von

Internationalen Organisationen und US-amerikanischen Hegemonie-Interessen dominiert. In geschlossenen Kommunikationsräumen handeln sie Regeln aus, in die keine Zivilgesellschaft Zugang erhält. Erst im Nachgang lässt sich hier basisdemokratischer Druck ausüben (siehe ACTA). Gleichzeitig ist allen Entscheidungsträgern bewusst, dass ohne Einbindung der Zivilgesellschaft keine demokratische Legitimation existiert. Insofern wird sich hier in nächster Zeit einiges bewegen.

Hemmfaktoren auf verschiedenen Ebenen des Digital Divide

Im Rahmen meiner Dissertation befragte ich zu Beginn des Jahres 2010 meine internationalen Expertinnen, welche Hemmfaktoren sie sähen, warum unter den gegebenen Rahmenbedingungen bis 2020 nicht mehr als die Hälfte der Menschheit die erforderlichen Fähigkeiten mitbrächten, die zu einem aktiven Flow in der Netzwerkgesellschaft beitragen.

Interessanterweise rückte die gebündelte Meinung der Expertinnen v.a. die gesellschaftlichen Faktoren in den Vordergrund: Kulturelle, ökonomische und politische Faktoren bauen ihres Erachtens entscheidende Hürden auf, die dem vernetzten Flow entgegen stehen - erst dann folgen technologische, persönliche, soziale und rechtliche Bedingungen.

Das bedeutet in der Konsequenz, dass wir alle (!) als gesellschaftliche Mitmenschen gefordert sind, an den sozio-kulturellen Codes und Praktiken mitzuschrauben, um deren Einfluss auf die Transformation von Ökonomie und Politik aktiv mitzugestalten. Über Netzwerke kann sich über die beteiligten Personen und Institutionen die Kultur vor Ort langsam verändern. Diesen Kreislauf gilt es sich immer wieder zu vergegenwärtigen.

Andernfalls sind wir alle vom Digital Divide betroffen.

Möglichkeiten der Zivilgesellschaft

Politik wird durch die kulturellen Kämpfe der Zivilgesellschaft voran getrieben. In dieser existieren, kämpfen und kooperieren verschiedene Interessensgruppen, denen man sich entweder anschließen kann oder indem man neue Netzwerke (mit) gründet. Derzeit lässt sich beobachten, wie immer informellere, vernetzte Strukturen entstehen (wie z.B. die Occupy- oder Urban Gardening-Bewegung), die die Macht alter, formaler Strukturen (wie z.B. Gewerkschaften oder Parteien) unterlaufen.

All diese sehr verschiedenen "Grassroots"-Initiativen sammeln Erfahrungswerte, kommunizieren diese über die sozialen Netzwerke, so dass andere Gruppen daran partizipieren und diese gebündelte Erfahrung in ihre nächsten Projekte mit einbringen können. Es konfiguriert sich ganz langsam eine globale Zivilgesellschaft, die wohl niemals einen Konsens findet, aber in der verschiedene Standpunkte diskursiv ausgefochten werden.

Aus diesem Diskurs erwächst eine kulturelle Hegemonie, die weder vorhersehbar noch planbar, sondern dezentral und amorph sich konfiguriert. In dem politischen Mehr-Ebenen-System, in dem Entscheidungen zwischen "Stakeholdern" auf verschiedenen Ebenen ausgehandelt werden, fungieren Nichtregierungsorganisationen als Vermittler zwischen der Zivilgesellschaft und der globalen Politik.

Es braucht also des Aufbaus möglichst gut vernetzter NGOs, sowohl im Bildungskontext als auch in der Kreativindustrie, die die eigentlichen Kreativen repräsentieren. Als Spielbein der Zivilgesellschaft wirkt dann die Lobby-Arbeit der NGOs in den Gremien, als Standbein dienen möglichst breite Proteste und Kampagnen auf der Strasse. Sich hier einzubringen, steht jedem Interessierten offen - und über diesen Weg kann jeder zu einem "Producer of high value" werden.

Literatur

Adloff, Frank (2005): Zivilgesellschaft.

Haseloff, Anikar Michael (2007): Public Network Access Points und der Digital Divide. Eine empirische Untersuchung der Bedeutung von öffentlichen Internetzugängen für Entwicklungsländer am Fallbeispiel Indien.

Hafner, Johann Ev. (2004): Net Divide. Eine systemtheoretische Beschreibung der Exklusionen im Netz. IN: Schuele/Capurro/Hausmanniger: Vernetzt gespalten.

Rückriem, Georg (2010): Mittel, Vermittlung, Medium. Bemerkungen zu einer wesentlichen Differenz. IN: Lisa Rosas shift-Blog: http://shiftingschool.wordpress.com/2010/11/18/medienbegriff/

Aufgabe 3: Dein Networking

Blicke für einen Moment auf Dein persönliches Potenzial, Dich aktiv in der Netzwerkgesellschaft einzubringen.

Deine persönliche Mindmap

Werfe einen Blick auf die zentralen Begriffe Deiner Mindmap aus dem Themenfeld 2. Welche Netzwerke wirken auf die Ausgestaltung der Themen massiv ein?

_____

_____

Welche Keyplayer sind entscheidende Knoten in diesen Netzwerken?

_____

_____

Dein Netzwerkverständnis

Reflektiere Dich grundsätzlich: Wo positionierst Du Dich normaler Weise?

❏ Ich bringe mich selbst in die mir wichtigen

Netzwerke innovativ ein.

❏ Ich helfe in Netzwerken mit, die Innovationen anderer effizient in Produkte zu übersetzen.

❏ Ich konsumiere gerne die Produkte anderer, trage aber selbst kaum etwas in die Netzwerke hinein.

Dein gegenwärtiger Netzwerkeinfluss

Lass uns konkreter werden im Hinblick auf die für Dich wichtigen Netzwerke in der Mindmap: Auf welche Netzwerke übst Du bereits einen Einfluss aus?

_____

_____

Auf welche Netzwerke würdest Du gerne Einfluss nehmen?

_____

_____

Dein zukünftiger Netzwerkeinfluss

Von welchen Netzwerk-Diskursen fühlst Du Dich ausgeschlossen? Finde die Hebel auf der ...

❏ Access-Ebene:

_____

❏ Skill-Ebene:

_____

❏ Content-Ebene:

_____

❏ Motivationsebene:

_____

❏ Repräsentationsebene:

_____

FLOWSHOWER

4 | Wege zum Flow

Persönlicher Flow - leichter gesagt als getan

Mit Glück haben alle Leser/innen schon einmal Flow erlebt. Die meisten im Sport, manche in Games und ganz wenige bei der Bearbeitung irgendwelcher Aufgaben. Den Flow-Zustand erkennt man meist erst ex post, wenn man die Zeit aus den Augen verloren und sich trotzdem ein ganz kleines Glücksgefühl eingestellt hat.

Viele suchen nach der Formel, wie man diesen Zustand auch bei unbeliebteren Aufgaben herstellen könnte. In Bildungskreisen steht "Flow" mitunter schon auf dem Buzzword-Index. Das liegt daran, weil der Begriff oftmals sehr eindimensional genutzt wird. Und bemüht hergestellt werden soll - für andere.

Flow bedeutet aber, dass die Person und das Umfeld mitspielt. Ein blödes Spiel wird keinen Flow generieren können. Wie sollen dann erst recht dröge Lernszenarien solch einen Zustand produzieren? Überhaupt erscheint es mir problematisch, Flow "für andere" herstellen zu wollen. Flow ist ein Zustand, der personenzentriert ist. Ergo muss die Person sich in den Flow hinein bewegen können - möglichst bewusst, um den Weg auch wieder raus zu finden ;-)

Das bedeutet: Es hängt wieder alles am Geschick einzelner Personen, den Flow-Zustand herstellen zu können. Manche Menschen sind aufgrund ihrer Sozialisation besser darauf vorbereitet, andere weniger. Ich denke aber, ALLE können dieses Potenzial entfalten.

Wie aktiviert man also seine Flow-Reserven, um ein persönlich befriedigendes Ergebnis auf privater, beruflicher oder politischer Ebene zu erzielen? Wie identifiziert man problematische Stolperfallen für den eigenen Flow? Und wo findet man Anknüpfungspunkte, um mit seinem persönlichen Flow im "space of flows", also dem "Raum der Ströme" der "Creative Network Society", zu schwimmen?

Flow & die Theorie der optimalen Erfahrung

"Man wächst mit den Aufgaben." Wer kennt dieses Bonmot nicht?! Manche trauen sich allerdings keine neuen Aufgaben zu, weil sie Angst davor haben, mit ihren Befähigungen nicht schnell genug zu wachsen. Andere trauen sich zu schnell zu viele neue Aufgaben zu, verfügen aber gar nicht über das Potenzial, entsprechend schnell zu wachsen. Am Ende sind viele der Beteiligten nicht so ganz glücklich mit der Situation - die einen, weil sie unterfordert und die anderen, weil sie überfordert sind. Damit wären wir beim Flow angelangt.

Was bedeutet Flow?

Das deutlichste Anzeichen von Flow ist das Verschmelzen von Handlung und Bewusstsein. Wenn man sich also selbst nicht mehr von außen bei der Tätigkeit "zusieht", sondern in dieser aufgeht, so dass alles um einen herum "verschwindet". Dies ist - nach Mihály Csíkszentmihályi (gesprochen: Schick-sent-mi-hali)

- "ein optimaler Zustand innerer Erfahrung". Dann herrscht "Ordnung im Bewusstsein" und die Tätigkeit wird "um der Sache selbst willen" ausgeübt. Flow kann insofern von jedem auch in Alltagssequenzen erfahren werden, wenn man es gar nicht als "Flow" einzustufen vermag.

Flow entsteht allerdings erst dann, wenn Anforderungen und Können sich im Gleichgewicht befinden und über dem persönlichen Durchschnitt liegen. Bringt man zudem eine gewisse Leidenschaft für die Sache mit, entsteht eine konzentrierte, intrinsisch motivierte, gelassene und klare Fokussierung, die den Rahmen absteckt, der es erst ermöglicht, einen nahezu ekstatischen Zustand zu erreichen, der eine alternative Realität für das Selbst eröffnet. Dies sind ideale Voraussetzungen für den größtmöglichen Lernerfolg, da die Person über ihre Grenzen hinausgehen kann - und: Dies ist ein idealer Wegweiser für die Verbesserung der persönlichen Lebensqualität.

Die Theorie der optimalen Erfahrung kann demnach dazu beitragen, als Person die Kontrolle über das eigene Leben zu gewinnen, da optimale Erfahrungen einem das Gefühl geben, an der Festlegung dessen teilzuhaben, was den Sinn des Lebens ausmacht. Und damit gelangen wir in die Sphären von Glück. Wenn äußere Werte und Institutionen wenig Orientierung bieten, sind die Menschen selbst dazu angehalten, Instrumente zu schaffen, um ein sinnvolles, erfülltes Leben zu erfahren.

Sinn, Zufriedenheit und Glück im Flow

Ein Mensch kann sich glücklich oder unglücklich machen, unabhängig davon, was tatsächlich 'draußen' geschieht, indem er einfach den Inhalt seines Bewußtseins verändert.

Mihalyi Csíkszentmihályi

Nun höre ich viele Menschen laut ausatmen, klingt dieses Zitat doch allzu idealistisch.

Worum geht es hier?

Biologische Bedürfnisse oder internalisierte gesellschaftliche Ziele lenken unsere Aufmerksamkeit auf bestimmte Objekte und ordnen damit die Informationen im Bewußtsein. Will man als Individuum reifen, gilt es, diesen quasi-natürlichen Prozess zu stören und selbst aktiv zu werden. Dazu switchen Menschen in ihrem Individuationsprozess zwischen zwei Modi:

Einerseits der Suche nach persönlichen Aspekten, wie man sich von anderen Menschen unterscheiden kann. Dies erreicht man am ehesten, wenn man psychische Energie und Aktivitäten in neue Ziele investiert, die eine relative Herausforderung darstellen. Dazu muss man "die Sicherheit schützender Routine" aufgeben, um Situationen beherrschen zu lernen. Gelingt es, hier einen Flow-Zustand aufzubauen, verliert man für kurze Zeit das Gefühl für das Selbst.

Jetzt gilt es, die Erfahrungen zu reflektieren und damit das Selbst wieder zu integrieren und sich gleichzeitig wieder mit anderen Menschen zu verbinden. Das Selbst ist in diesem Prozess gewachsen und es kommt ein zufriedenes Glücksgefühl auf, das Sinn stiftend ist für die Person.

Der Zweck des Fließens ist im Flow zu verbleiben, nicht die Orientierung an Höhepunkten oder utopischen Zielen. Am ehesten gelingt dies, indem man seine Handlungen zu einer einheitlichen Flow-Erfahrung aneinander reiht. Dann entsteht Ordnung im Inhalt des Bewußtseins, die Handlungen erhalten einen Sinn und eine Bedeutung.

Will man also Kreatives schaffen, muss man seine Ordnung über neue Herausforderungen konzentriert verlassen, dann wieder Kontrolle über sein Bewusstsein erreichen und eigene Sinnzusammenhänge suchen. Freude hängt in dieser Sichtweise davon ab, wie man etwas tut, nicht was man tut. Gelingt dies, bewegt man sich im Flow.

Die autotelische Persönlichkeitsstruktur

Es braucht einer spezifischen Persönlichkeit, die Tätigkeiten um ihrer selbst Willen, also "auto-telisch" (der Weg als Ziel) ausüben zu können. An förderlichen individuellen Eigenschaften können genannt werden:

A. Ein gutes Selbstwertgefühl ohne Egozentrik entwickeln, um realistische Ziele anzusteuern.

B. Freude an neuen Herausforderungen und der Aneignung erforderlicher Fähigkeiten aufbringen.

C. Die Fähigkeit herausbilden, sich auf zentrale Aufgaben zu fokussieren und Methoden zur Messung des Fortschritts über regelmäßige Feedback-Schleifen aufzubauen.

D. Eine positive Lebenseinstellung ist sehr hilfreich, um das Geschehen als Quelle der Freude wahrzunehmen.

E. Die Fertigkeit, seine Erfahrungen zu reflektieren und weniger mit sich selbst beschäftigt zu sein.

Nun wird Flow gerne als persönliches Talent diskutiert, sich dem Leben zu stellen - unabhängig von dem sozialen Status und der universalen Verortung. Gleichwohl spielt die sozio-kulturelle Sozialisation (Eltern, Bildungsverständnis, kulturelle Werte o.ä.) eine wesentliche Rolle, den Flow von Menschen zu fördern oder zu hemmen. Erst recht, wenn es um den Flow in der Netzwerkgesellschaft geht - hier rücken zusätzliche sozio-technologische Rahmenbedingungen in den Blick, die den Menschen grössere Hürden in den Weg legen können.

Vernetzter Flow in der Netzwerkgesellschaft

Während klassischer Flow eher persönliche Voraussetzungen und Handlungsoptionen aufzeigt, um privates oder berufliches Glück zu finden, interessiert mich Flow in seinen sozialen

Rahmenbedingungen. Dazu hatte ich in meiner Dissertation sechs Flow-Kategorien auf drei verschiedenen Ebenen entwickelt, die sich wechselseitig bedingen, um Flow in der Netzwerkgesellschaft erfahren zu können.

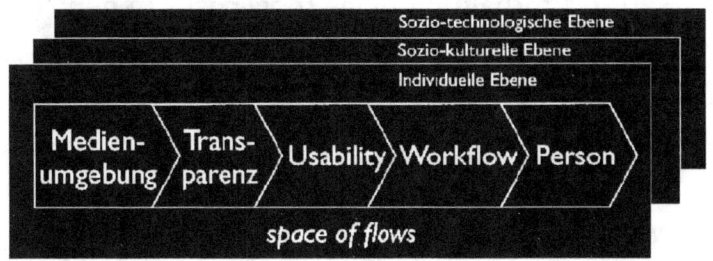

Neben den persönlichen Faktoren, die oben bereits angesprochen wurden, ist es notwendig, dass Menschen ihre dezentralen Workflows aufeinander abstimmen (können). Auch gilt es, die Medienumgebungen als fließende Gerüste für Personen, Kulturen und technologische Weiterentwicklungen zu sehen. Und da Nutzer/innen die Systeme unterschiedlich nutzen, braucht es einer individuellen Usability-Kompetenz für den persönlichen Gebrauch, aber auch um digitale Artefakte angemessen bereitzustellen. Liegen nämlich private wie öffentliche Artefakte in gebrauchstauglichen, digitalen Formaten und ggf. wiederverwendbaren Modulen vor, können Informationen transparent fliessen und von der Kreativität aller profitieren. Schließlich sind die Kulturen am "space of places" und die Aufrechterhaltung eines möglichst offenen Netzes wesentlich mit dafür verantwortlich, eine angemessene Umgebung für Flow im "space of flows" zu ermöglichen.

Demnach existieren vielfältige, komplexe Stell-schrauben, an denen sich die Rahmen-bedingungen verändern lassen, um eventuelle Flow-Blockaden abzubauen. Hier werden wir gemeinsam ansetzen müssen.

Packen wir's an!

Literatur

Csikszentmihalyi, Mihalyi (2008): Flow. Das Geheimnis des Glücks

Csikszentmihalyi, Mihalyi & Isabella S. (Hg.) (1991): Die außergewöhnliche Erfahrung im Alltag

Aufgabe 4: Meine ersten Schritte zum vernetzten Flow

Arbeite an Deinen persönlichen Instrumenten, die Dich hemmenden Hürden abzubauen - Schritt für Schritt.

Dein zukünftiger Netzwerkeinfluss

Übersetze die Hebel aus Woche 3 in persönliche Herausforderungen. Was wäre der nächste Schritt, um hier voranzuschreiten?

❏ Access-Ebene:

_____

❏ Skill-Ebene:

_____

❏ Content-Ebene:

_____

❏ Motivationsebene:

_____

❏ Repräsentationsebene:

_____

Deine notwendigen Fähigkeiten

Welche Fähigkeiten müsstest Du Dir aneignen, um diese nächsten Herausforderungen zu meistern?

1. _____

2. _____

3. _____

4. _____

5. _____

Deine Flow-Hemmfaktoren

Vergegenwärtige Dir die 6 Flow-Kategorien mit ihren 3 Ebenen (siehe Grafik im Artikel).

1. Versuche, die DICH hemmenden Faktoren zu identifizieren.

2. Wie hängen Deine Hemmfaktoren mit Deinen Herausforderungen links zusammen? Zeichne Verbindungslinien zwischen den Ebenen des Digital Divides

und den Flow-Kategorien.

3. Finde einen Umgang mit den größten Hürden.

   => TIPP: Meide Institutionen, die Deinen Flow hemmen!

Deine nächsten Schritte

Lege eine Hitliste der nächsten Schritte an. Mit welchen Herausforderungen startest Du JETZT?

1. _____

2. _____

3. _____

FLOWSHOWER

5 | Kulturelle Einflüsse auf Web 2.0- Nutzung

Problem der Standortwahl

Wir haben bis jetzt gesehen: In der Netzwerkgesellschaft existiert eine Vielzahl an möglichen Netzwerkverbindungen auf verschiedenen Ebenen - nicht zuletzt aufgrund der Web 2.0-Potenziale (ich weiss: Web 2.0 ist ein "alter" Begriff, trotzdem ein gutes Synonym für die derzeitigen sozio-kulturellen Änderungsprozesse durch die Online-Aktivitäten). Diese Netzwerkverbindungen zirkulieren sowohl im Raum vor Ort als auch im virtuellen Kontext - und mitunter verbinden sie gar die beiden Räume.

Für einzelne Personen bedeutet dies, sich mit ihrer Identität irgendwo zwischen der "realen Welt" und der Netz-Umgebung zu verorten, um teilzuhaben an der Netzwerkgesellschaft. Dabei ist das Netzwerk keine homogene Masse, sondern unterschiedliche Personen gehören verschiedenen Netzwerk-Ebenen an. Und innerhalb jeder Ebene herrscht eine andere Kultur der Kommunikation, Kooperation und Kollaboration. Diese Kulturen werden von allen daran Beteiligten immer wieder ausgehandelt. Und da jede Person verschiedenen Netzwerken angehört, beeinflussen die Kulturen sich wechselseitig.

Auch die netzspezifischen, kulturellen Handlungsmuster suppen mit den zunehmenden Netzwerk-Aktivitäten sukzessive in die nationalen Kulturen vor Ort ein. Das Netz realisiert sich somit langsam in einer dominanten Manier - beeinflusst von den Werten der beteiligten Personen, Institutionen und Gruppen. Und das bedeutet: Die Kultur kann nur von denjenigen kreativ mit beeinflusst werden, die aktiv an der Handlungspraxis mitstricken.

Nun ist es aber so, dass gewisse nationale oder regionale Kulturen aufgrund ihrer Historie bessere oder schlechtere Sprungbretter für überregionale bzw. virtuelle Netzwerk-Aktivitäten bieten. Das heisst: Je nachdem, in welchen kulturellen Kreisen die Person sozialisiert wurde, entscheidet wesentlich mit darüber, ob die Potenziale der 2.0-Kultur optimal genutzt werden können.

Das kann sich zu einem Problem für die Person auswachsen, die sich (theoretisch) aktiv in der Netzwerk-Gesellschaft einbringen möchte, von den kulturellen Wurzeln vor Ort aber ausgebremst wird - auf welche Weise auch immer. Die hier hemmenden und fördernden Faktoren zu identifizieren, ist Ziel dieses Kapitels.

Bedeutung der Kultur

Die Sprache des Flows und der Netzwerkgesellschaft mit ihren grenzüberschreitenden, digitalen Systemen ist grundsätzlich eine universale. Gleichwohl wirken kulturelle Einflussfaktoren auf den Flow im "space of flows" ein - und zwar in beide Richtungen: Von den lokalen Kulturen auf die Netzkultur und *vice versa*.

Was ist überhaupt Kultur? Hier könnte man weit ausholen, existieren doch viele verschiedene Interpretationen. Ich selbst greife in meiner Dissertation auf die Arbeiten von Geert Hofstede zurück, der Kultur als kollektive Programmierung des Geistes bezeichnet, die eine Gruppe in ihren Werten und Praktiken von einer anderen unterscheidet. Bei solch kollektiven Zuschreibungen schreien manche Menschen auf, ist doch jede einzelne Person durch ein einzigartiges mentales Programm gekennzeichnet. Dem ist auch so - dieses "Programm" setzt sich aus genetischen und gelernten Komponenten zusammen. Aber die gelernten Komponenten entwickeln sich nicht nur aus persönlichen Erfahrungen, sondern sie sind wesentlich beeinflusst durch die kollektive kulturelle Programmierung der persönlichen Umgebung. So entstehen Werte bereits in der frühen, meist unbewussten Sozialisationsphase, weitergereicht über die Generationen. Im Schul- und Arbeitsleben eignet man sich bestimmte kulturelle Praktiken an, auch diese in Wechselwirkung mit dem sozialen Milieu. Innerhalb jeder Person fliessen somit verschiedene kulturelle Ebenen ein (Nationalstaat, Region, Religion, Gender, Generation, soziale Klasse, Job etc.), die mit ihren jeweiligen mentalen Programmen um die prägende Dominanz im

Wertesystem des Einzelnen konkurrieren. Das ist das grundlegende Setting.

Die kulturelle Software des Geistes

Hofstede unterscheidet fünf Kulturdimensionen, entlang derer nationale Kulturen grob vereinfachend in Bezug zueinander gesetzt werden können:

1. Der "Power-Distance-Index" zeigt auf, wie Menschen mit Ungleichheit innerhalb einer Gesellschaft umgehen und wie weit sie sich von der Macht im eigenen Land entfernt fühlen (z.B. in Österreich existiert eine sehr geringe gefühlte Machtdistanz zu den Eliten, im Gegensatz z.B. zu Russland, wo eine sehr hohe Distanz vorherrschend ist).

2. Der "Individualism Index" kennzeichnet das Beziehungsgefüge und soziale Verhalten der Mitglieder eines Staates untereinander. In kollektivistischen Gesellschaften werden Gruppen, Familien und Loyalitäten sehr wert geschätzt (z.B. in China), was zu einer

hohen Kontextabhängigkeit der Kommunikation beiträgt: Einzelne Aussagen variieren in ihrer Bedeutung je nach ihrem Kontext. Hingegen tendieren individualistischere Gesellschaften mehr in Richtung Kleinfamilien und Eigenständigkeiten (z.B. die USA). Hier müssen Botschaften explizit ausgedrückt werden, damit deren Bedeutung verständlich wird.

3. Im "Maskulinity Index" drückt sich aus, welche Wertemodelle auf der Basis vorherrschender Geschlechterrollen sozio-kulturell betont werden. Dabei bestimmen die Männer einer Gesellschaft, ob eine Kultur eher auf eine klare Abgrenzung der emotionalen Geschlechterrollen setzt (z.B. in Österreich) oder ob sich die Rollen eher überlappen (z.B. in Finnland).

4. Der "Uncertainty Avoidance Index" wiederum misst das Ausmaß, inwiefern unklare oder mehrdeutige Situationen zu

Verunsicherungen oder Ängsten führen und wie Menschen darauf reagieren (ob eher mit Technologien, Gesetzen oder Religionen). So herrscht in Russland oder Japan eine eher ängstliche Kultur vor, während China und Indien kaum ängstlich reagieren.

5. Schließlich kann der "Long-term Orientation Index" herangezogen werden. um das langfristige Denken einer Kultur zu bewerten. Die Wahrnehmung der Zeit prägt das Ausmaß der Zukunftsorientierung. Wenig überraschend sind China und Japan eher langzeitorientiert, während USA und Kanada eher kurzzeitorientiert ihre Werte und kulturelle Praktiken ausleben.

Nun wird jede/r erkennen, dass diese Durchschnittswerte sich individuell - je nach den von außen wirkenden Einflussgrößen (Bildungsstand der Eltern, sozialer Status etc.) - sehr unterschiedlich ausprägen. Als gesamtgesellschaftliche Kultur aber konfigurieren diese Faktoren wesentlich die individuelle Kultur mit - einerseits unbewusst als Wert und andererseits bewusst über sozio-kulturelle Praktiken. Sich gänzlich freizumachen von diesen Einflüssen wird einem kaum gelingen.

Einfluss der Web 2.0-Kultur auf regionale Kulturen

Zu den externen Einflüssen zählt in Zeiten der Netzwerkgesellschaft auch das sogenannte "Web 2.0". Mit diesem Begriff kennzeichne ich den Kulturwandel, der durch "Social Software", "Social Web" und sozio-technologisch bedingte Transformationswellen ausgelöst wurde. Nun prägen auch vielfältig vernetzte Praktiken und diskursive Prozesse in der "Web Cloud" die identitätsstiftende Kultur des Einzelnen. Werden darin neue Quellen der Sinnstiftung im Sinne des Flows gesehen, suppt das Netz langsam in regionale Kulturen ein. So wirken vor allem die Informations- und Kommunikationstechnologien als Transportmittel neuer Werte und sozio-kultureller Praktiken - ohne dass staatliche

Stellen diesen Prozess regulieren könnten (es sei denn, sie zensieren gewisse Quellen wie China oder Iran, die derzeit über eine Blockade von Google beispielsweise außenpolitischen Druck auszuüben versuchen).

Hier prallt eine universal ausgehandelte Netzkultur auf regionale Kulturen und je nachdem, wie ähnlich die beiden Durchschnittswerte der Kulturdimensionen-Matrix sind, desto schneller erfolgen die Adaptionsprozesse. Treibende Kraft sind dabei die sozialen Bewegungen, die im Netz neue Codes und Praktiken kultivieren, die die bestehende kulturelle Hegemonie vor Ort unterlaufen. Auf der Basis von Werten wie Emergenz, Offenheit, Transparenz, sozialer Teilhabe, kollektiver Intelligenz, Nutzerorientierung, kollaborativen Praktiken, Eigeninitiative und der kollektiven Intelligenz der Daten entsteht eine ganz neue Wertekultur. Diese Web 2.0-Kultur weist dabei tendenziell eine niedrigere Machtdistanz, eine individualistisch geprägte, aber das Kollektiv fördernde Kultur mit eher femineren Werten und einem schwachen

Unsicherheitsfaktor auf, die grundsätzlich eher langzeitorientiert ist.

Entspricht die Kultur vor Ort diesem Netz-Habitus, sind bessere Voraussetzungen für BewohnerInnen gegeben, ihren Flow im "space of flows" zu finden, als wenn die tradierte Kultur der sozialisierenden Instanzen einen gänzlich anderen Wertekanon praktiziert. Das macht sich dann in einer unterschiedlichen Nutzung des Webs bemerkbar, da z.B. westliche Kulturen das Netz eher als Umschlagplatz für Kulturgüter betrachten, asiatische Kulturen über die kreative Nutzung des Webs ihre sozialen und kulturellen Aktivitäten unterstützt sehen und z.B. skandinavische Länder das Netz nutzen, um ihr soziales Leben auszubauen.

Die gesamtgesellschaftliche Netzwerk-Kompetenz resultiert demnach aus tradierten Komponenten, einer gewissen Offenheit den Einflüssen des Netzes gegenüber und der kulturellen Fähigkeit, ihre Werte und Praktiken im Sinne eines vielfältigeren Medienverständnisses zu transformieren.

Insofern diese Netzwerk-Kompetenz als Gegenspieler der individuellen Netzkompetenz wirkt, bedarf also auch die Ausbildung autotelischer Persönlichkeiten ggf. einer gewissen kulturellen Überwindung hemmender Faktoren. Zielsetzungen zu verfolgen, Selbstvergessenheit, intrinsische Belohnung und langfristige Orientierung als typische Kennzeichen einer autotelischen Persönlichkeit sind kulturell bedingte Faktoren, die es Einzelnen mancher Orts sehr schwer machen, sich entsprechend kreativ auf die Möglichkeiten des "space of flows" einzulassen. Dieser Hemmfaktoren sollte man sich bewusst sein, wenn man sich in die Netz-Eroberung stürzt.

Literatur

Hofstede, Geert & Hofstede, Gert Jan (2004): Cultures and Organizations - Software of the Mind: Intercultural Cooperation and Its Importance for Survival

O'Reilly, Tim (2005): What is Web 2.0? Design Patterns and Business Models for the Next Generation of Software

FLOWSHOWER

Aufgabe 5: Check deiner kulturellen Web 2.0-Adaptivität

Um Vernetzungspotenziale optimal nutzen zu können, empfiehlt sich eine Auseinandersetzung mit Netz-Kulturfaktoren.

Finde einen Bezug dazu und integriere sie idealer Weise in Deinen Alltag. Diese kulturellen Muster unterstützen vernetzte Flowprozesse auf allen Ebenen.

Individuelle Verantwortung	Offenheit	Kollaboration
RSS-Feeds	Creative Commons	Folksonomy
Aggregation	Transparenz	Social Networking
Serendipity	Open Source / Data / Government / Education etc.	Kollektive Intelligenz
Persönliche Netz- umgebungen	Prozess- Orientierung	Grenzüber- schreitende Zusammen- arbeit

Inkludierendes Denken		
Transnationale Identitätsbildung		

6 | Game based Flow

Oh je: Vergnügen in der Krise

Im Grunde entwickeln wir uns ja alle andauernd weiter - manche schneller, manche langsamer. Man kann kaum nicht nicht lernen, um ein bekanntes Bonmot von Paul Watzlawick zweckzuentfremden. Es sei denn, man MUSS lernen - dann tun sich so manche schwer, wenn sie keinen Bezug zu sich oder ihrer Zukunft herstellen können.

Andererseits, wenn man sich durch eine Zwangsmühle gequält hat, empfinden das viele erst als "richtiges" Lernen. Lernen muss irgendwie weh tun und das Ergebnis extern abgenommen sein - sonst ist es nur beiläufiger Spass.

Aber was ist das Problem am beiläufigen Spass?

Spass, so lehrt uns Wikipedia, "ist eine im Deutschen seit dem 16./17. Jahrhundert belegte Substantivbildung aus dem italienischen spasso ‚Zerstreuung, Zeitvertreib, Vergnügen'." In der User Experience-Forschung unterscheidet man dagegen zwischen "Spass" und "Vergnügen". Spass ist eine

Tätigkeit, die vom Selbst ablenkt; Vergnügen dagegen führt im Nachhinein zum Selbst. Diese beiden Kategorien zu verbinden, ist idealer Weise ein Charakteristikum des "Spiels".

Dabei unterscheidet man im Englischsprachigen das "Spiel" zwischen "game" und "play". Letzteres ist Motor für unsere gesamte gesellschaftliche Entwicklung (nach Johan Huizinga). Unsere Wissenschaft, Recht und Ökonomie erwuchsen aus spielerischen Treibern. Man erkennt es noch heute: Die spielerische Wettbewerbskomponente entspricht auch den kapitalistischen Grundmechanismen unserer Zeit. Wer Risiko geht, gewinnt viel (21 Billionen US-Dollar in Steueroasen) oder verliert alles (Lehmann Brothers, Immobilien-Besitzer/innen in USA und Spanien, Griechenland als Staat ...).

Oder: Während die einen vergnüglich ihren Spass geniessen, haben andere jede Grundlage für Spass verloren - bzw. suchen sie diesen in Ersatz-Beschäftigungen der weltweit florierenden Games-Industrie (sofern sie es sich leisten können).

Aber gleichgültig, ob man mit den konventionellen "Games" etwas anfangen kann oder nicht: Jede/r kann Spass und Vergnügen für den eigenen Flow aufbauen - wenn man weiss, wo man ansetzen muss. Und dies nicht nur mit individuellen Zielsetzungen, sondern mit dem Potenzial, aktiver Part der Netzwerkgesellschaft zu werden.

Wie liesse sich also Spass instrumentalisieren, um selbst in einen vergnüglichen Flow zu gelangen - ohne zwangsläufig in den Fängen der Games-Industrie zu landen?

Die Bedeutung des Spiels für unsere Flow-Kultur

Das Spiel ist eine anthropologische Konstante. Seit Urzeiten wettstreiten und amüsieren sich die Menschen in Grundformen des Spiels. Mit Computern erfuhr das Spiel eine weitere Bedeutungssteigerung, indem es der Individualisierung entgegen kam, und gleichzeitig neue soziale Formen ermöglichte. So scheint es derzeit kein Entkommen vor den Errungenschaften der neuen, interaktiven Games-Industrie zu geben.

Weltweit werden 3 Milliarden Stunden pro Woche gespielt. In den USA entspricht die Summe aller Spielstunden der Anzahl aller formalen Lernstunden in der klassischen Schule. Hier entstehen zwangsläufig parallele Kompetenzen, die weit über die theoretischen Kompetenzdefinitionen von (Medien-)Pädagog/innen hinausgehen. Spiele scheinen Bedürfnisse zu stillen, die die Realität nicht zu bedienen vermag, so die These der Spieleforscherin Jane McGonigal. Und es existiert eine grundlegende Beziehung zum Flow.

In Spielen sucht man sich neue Herausforderungen, für die man seine persönlichen Fähigkeiten verbessern muss, um diese meistern zu können und findet eine intrinsische Befriedigung, wenn die nächste Herausforderung angegangen werden kann - idealerweise mit anderen Personen gemeinsam. Diese Form der "shared intentionality" (also der geteilten Absicht, ein gutes Spiel miteinander zu spielen) sei eine angeborene Fähigkeit der Menschen, sagt McGonigal in Anlehnung an das Max Planck Institut für evolutionäre Anthropologie in Leipzig. Erst in ihrer Sozialisation wird diese Fähigkeit den Menschen mühsam abtrainiert.

Das bedeutet, das Sharing-Prinzip zugunsten eines gemeinsamen, höheren Wertes ist eigentlich ein genuin humanes Muster - keine neue Kulturform. Es prägt sich auf freiwilliger Basis aus - das erklärt auch die Faszination an Facebook, Wikipedia und Youtube. Hier sind Räume für Partizipation entstanden, die autotelisch motiviert sind - also keinem extern gesetzten Ziel folgen, sondern immerfort von den Menschen selbst definiert werden. In diesen Zusammenhängen lassen sich Kooperation, Koordination und Co-Creation, die aktuellen Key-Treiber der Spielindustrie, aktiv außerhalb der Spielewelt ausleben. Das Web 2.0 und die Games-Entwicklungen treiben sich somit wechselseitig an, weil sie beide grundlegende Bedürfnisse befriedigen - aber auch um die individuelle "Partizipationsbandbreite" konkurrieren.

Damit ist gemeint, dass jeder Mensch nur begrenzte Energie für intrinsisch motivierte, partizipatorische Aktivitäten zur Verfügung hat. Wird diese Energie bereits in Spielen aufgebraucht, werden soziale Projekte im Web 2.0 (wie z.B. die Beteiligung an Wikipedia) darunter leiden - und vielleicht auch anders herum. Aber dies soll jetzt nicht unser Fokus sein.

Spass, Vergnügen, Flow und Glück

Die offensichtliche Faszination an (Computer-) Spielen lässt sich aus diesen vernetzten Flow-Kriterien ableiten: "Shared intentionality", die Partizipationsbandbreite, eine "umfliessende Geselligkeit" in den sozialen Systemen von Spielewelt und Web 2.0 sind wichtige gesellschaftliche Komponenten, die wesentlich zum persönlichen Flow beitragen. Aggregiert über einen "real-time activity feed", der als Wasserstandsmeldung über die Aktivitäten anderer Akteure informiert, entsteht ein komplexes Feedback-System, das dem eigenen Tun einen Sinn gibt.

So entsteht gerade ein neues altes anthropologisches Grundmuster für das Glücksempfinden - und damit ein entscheidender Motivationstreiber für die Flow-Suche. Denn Glück ist eine Befähigung, die sozio-kulturell weitervererbt wird. Werden von mehreren Menschen ähnliche Prozesse als vergnüglich wahrgenommen, nehmen sie diese in ihre kulturellen Glücksmuster auf und reichen sie an die nächste Generation weiter. Dabei unterscheidet sich Vergnügen von Spass, denn Micro-Spaßmomente an sich helfen nur bedingt, Flow zu generieren. Tiefergehendes Vergnügen entsteht erst dann, wenn eine gewisse Reflexion des Geleisteten erfolgt - bzw. ein Rückblick auf die gemeisterten, ggf. auch spaßigen Herausforderungen erfolgt, aber im Hinblick auf ein definiertes Ziel.

Positive Erfahrungen im Spiel können somit zum alltäglichen Flow-Bedürfnis beitragen. Werden diese Erfahrungen nämlich reflektiert und ihnen eine gewisse Relevanz beigemessen, wird aus dem

Spielfluss ein nachhaltiges Vergnügen, das rückblickend als Glück empfunden wird - und von dem man berichten kann.

Dieses kann unter Umständen auch zur Spielsucht führen, wenn dieses Gefühl immer wieder reproduziert werden will und sonst kein Äquivalent findet. Sofern Menschen keine Möglichkeit haben, ihre eigenen Ziele im alltäglichen Leben zu setzen, werden die Spielaffinen, und das sind im Zweifel sehr viele der jüngeren Generationen, in die Spielewelt flüchten - und zwar ausschließlich, um dort ihren Flow zu erleben.

Verantwortung für eigenen, vernetzten Flow übernehmen

Im Umkehrschluss bedeutet dies, dass die Sinnstiftung einer Erfahrung als aktiver Prozess von Menschen gesehen werden muss. Wie forciert man also selbst einen eigenen, spielerischen, vernetzten Flow?

Vergegenwärtigen wir uns wieder die sechs Flow-Kategorien auf den drei verschiedenen

Ebenen aus dem Flow-Kapitel, dann sind die zur Verfügung stehenden Technologien und die beeinflussenden Kulturen nicht zu vernachlässigen. Gleichwohl lassen sich Zielsetzungen formulieren, die hilfreich sind, den persönlichen, vernetzten Flow spassvoll zu forcieren.

❏ Als Person gilt es, darauf hinzuarbeiten, als möglichst autotelische Persönlichkeit an der Netzwerkgesellschaft anzudocken. Spielerische "Challenges", "Missionen" und "Tasks" können helfen, hier voran zu schreiten.

❏ Für den optimierten Workflow empfiehlt es sich, thematisch passende "Communities" oder "Networks of Practice" zu bilden, aufzusuchen oder weiterzuentwickeln. Um nicht immer im eigenen Saft zu schmoren und den "Serendipity-Effekt" zu forcieren, sollte man sich von zufälligen Informationen auf persönlich ansprechender Ebene inspirieren lassen, die es dann im eigenen Flow zu verarbeiten und zu reflektieren gilt.

❏ Es bedarf einer selbstreflexiven Auseinandersetzung, welche funktionalen, emotionalen oder "Lifestyle"-Elemente man selbst schätzt, um den eigenen Flow zu unterstützen. Dabei sollte grundsätzlich zwischen dem "Goal-Modus" (für den Flow) und dem "Action-Modus" (für den Spass) unterschieden werden. Die persönliche Medienumgebung sehr differenziert anzulegen, empfiehlt sich, um wechselnden Stimmungen und Szenarien gerecht zu werden und optimale Bedingungen für eine vielseitigere Kompetenzentfaltung zu schaffen.

❏ Um eigenen Usability-Ansprüchen zu genügen, ist eine regelmäßige Re-Organisation der persönlichen Zielsetzungen und Zugänge erforderlich. Da sich Menschen idealerweise weiter-entwickeln, braucht es hier einer gewissen

Bereitschaft, sich immer wieder sozio-kulturell wie sozio-technologisch neu zu justieren.

❏ Auch Transparenz ist eine Flow-Kategorie, die nicht nur extern gefordert, sondern selbst gelebt werden sollte. Dazu zählen kollaborative Arbeitsmethoden ebenso wie die Bereitstellung eigener Produktionen zur Weiterverarbeitung.

❏ Schließlich gelangen wir wieder zu dem Punkt, dass der space of flows von den Aktiven in der Netzwerkgesellschaft gestaltet wird. Nur wer hier Verantwortung übernimmt, wird sich einbringen können.

In einen spielerischen, vernetzten Flow zu gelangen, ist eine grosse Herausforderung. Indem man diese in kleinere Schrittfolgen unterteilt, lassen sich vielfältige Microflow-Momente generieren, die Spass bereiten.

Let the games begin!

Literatur

Huizinga, Johan (1987): Homo Ludens. Vom Ursprung der Kultur im Spiel

McGonigal, Jane (2011): Reality is Broken

Aufgabe 6: Flow mit Spass und Vergnügen aufbauen

Spiele mindestens eine der von Dir identifizierten Herausforderungen entlang dieses Ablaufplanes mit Stichwörtern einmal durch.

Top 10-Schrittfolge für spielerischen, vernetzten Flow

1. Ein freiwilliges, größeres Ziel als Challenge definieren.	
2. Die Challenge in verschiedene Missionen unterteilen, die aufeinander aufbauen.	
3. Den Missionen einzelne Tasks (ggf. mit Subtasks) zuordnen, die man idealerweise mit	

eigenen Talenten abwickeln kann.	

4. Sich selbst Spielregeln definieren:
 	
    a. Den Tasks einen Zeitpunkt zuordnen.
 	
    b. Hindernisse einbauen, die man selbst überwinden muss.
 	
    c. Klares Feedback-System deklarieren, wann Aufgabe als gelöst gilt.
 	
    d. Gewinn formulieren.	

5. Netzwerke suchen, die einen unterstützen,	

die Aufgaben zu erledigen.	

6. Gezielt voran schreiten und keine Extra-Schritte gehen.
 	
   a. Andere beobachten, wie sie ihre Challenges und Missionen angehen.
 	
   b. Keine Anleitung suchen, sondern erst einmal selbst überlegen, wie der Weg ausschauen könnte.
 	
   c. Erforderliche Fähigkeiten aneignen.	

7. Im Tun konzentrieren. In Flow kommen. Spass haben.	
8. Ergebnisse teilen - in welcher Form auch immer (Blog, WIki, Schulungen o.ä.).	
9. Ggf. Partizipationszeit bei Spielen, Facebook etc. kappen.	
10. Nach Zielerreichung inne halten und reflektieren. Das Vergnügen geniessen!	

7 | Die Macht der Bilder

Das Bild als Message oder Massage?

Unsere Weltsicht baut auf Text auf. Die Macht über die Wörter und ihre Auslegung konfiguriert nicht nur unsere aufgeklärten Staaten, sondern auch die Religionen. Schreiben und Lesen sind individuelle Grundtechniken unserer Zeit, um sich die Welt anzueignen und gleichzeitig selbst sozio-kulturell gestaltungsfähig zu sein. Menschen, die hier eine gewisse Expertise und Geschicklichkeit entwickeln, werden gerne in Führungspositionen gesehen oder mindestens genauso gerne zu Vorträgen oder auf Podien eingeladen. Schlagfertigkeit und Rhetorik sind "in", lassen sich in unserer TV-dominierten medialen Praxis gut vermarkten und unterhalten nebenbei.

Die Welt zirkuliert demnach rund um die schöne, manchmal auch kluge Interpretation vor allem anderer Texte. Ein Quell an Bonmots und Zitaten, in lakonischem Tonfall vorgetragen, amüsiert das pseudo-elitäre Bildungsbürgertum - so selbstzufrieden hatte man es sich schön eingerichtet in der alten Republik (OK, das ist jetzt etwas bissig, aber dennoch meines Erachtens grob zutreffend ...).

Doch nun drängt ein neues Phänomen auf den Markt der Aufmerksamkeitsökonomie: Der Kauf von Foto- und Videokameras boomt, die Smartphone-Euphorie mit integrierter Kamera kennt bislang keine Grenzen und in Kombination mit den diversen sozialen Netzwerken kreiseln Bilder auf einmal in unglaublichen Umdrehungen um die ganze Welt. Aufnahme und Austausch von stillen oder bewegten Bildern ist schnell erfolgt, lustige oder anderweitig bedeutsame visuelle Beiträge nutzen die den sozialen Medien inhärenten viralen Netzwerkeffekte optimal.

Private Fotos stehen dabei für eine Form der "Indi-Visualisierung" (Guschke), sie repräsentieren Individuen in einer scheinbar sinnvollen Art und Weise. Gleichzeitig können wir eine Inflation an komplexitätsreduzierenden Infografiken konstatieren, die offensichtlich dabei helfen, den "Information Overload" sinnvoll zu strukturieren. Der Vorteil dieser Form der Kommunikation? Hier können sich auf einmal Menschen auf eine Weise austauschen, die auf textueller Ebene kaum möglich gewesen wäre.

Mit anderen Worten: Der visuellen Kompetenz kommt heutzutage eine grosse Bedeutung zu. Auch um den Menschen einen Zugang zur Gesellschaft zu ermöglichen, deren textuelle Fertigkeiten nicht den literarischen Ansprüchen genügen, die traditionelle Bildungsbürger/innen an sie herantragen. Aber, so sieht man gleich den erhobenen Zeigefinger: Es braucht einer gewissen kritischen Haltung der Mediennutzung gegenüber, um Informationsgehalt und soziale Auswirkungen der eigenen und fremden Aktivitäten abschätzen zu lernen. Es geht dabei weniger um Bildkomposition als um die Aussagen, die das Bild mit sich trägt. Denn jedes visuelle Element trägt Zeichen und Bedeutungen in sich, die von anderen gelesen werden. Und die Message von vermittelten Aussagen wird von allen Rezipient/innen jeweils anders interpretiert ...

Wie geht man als Person mit diesen Erkenntnissen

in der heutigen Zeit um? Die Forschung rund um "Visual Literacy" ist noch sehr eingegroovt auf Produktion und Nutzung bewegter oder antiker Bilder im Rahmen einer Mediengesellschaft. Was uns aber im Kontext von FlowShower interessiert: Wie identifiziert man den visuellen Code einer Kultur der Netzwerkgesellschaft? Und wie kann man selbst diese kulturellen Zeichen für den eigenen Flow nutzen? Wie repräsentiert man sich z.B. visuell? Wo beginnt und wo endet der Spass? Welche Entwicklungen zeichnen sich hier bereits ab?

Bedeutung von Bildern in der Netzwerkgesellschaft

Sehen ist ebenso wie Spielen ein wesentlicher Bestandteil unserer Kulturgeschichte. Bilder hat es seit der Höhlenmalerei gegeben und wird es wohl immer geben. Wir brauchen sie zur Sinnstiftung. Sowohl interne "Images" im Kopf, seien es nun Traumbilder oder visuelle Vorstellungen, als auch externe "Pictures", die über ein Vermittlungsformat (Papier, Datei, Leinwand o.ä.) interne Bilder transportieren - und sich dann wieder in das visuelle Gedächtnis einprägen, um dort neue, interne Bilder zu generieren. Wann erkennen wir ein Bild als "Bild"? Wenn wir über gewisse Erscheinungen als Bild (theoretisch) sprechen können, so die Definition von W.J.T. Mitchell in aller Kürze.

Wir nehmen also visuelle Zeichen unserer Welt auf, verarbeiten sie (eventuell) zu Bildern, um anderen davon zu berichten (ob nun als Fotografie, Zeichnung, Gemälde, Infografik o.ä.), die wiederum andere untersuchen können. Nun braucht es heutzutage nicht mehr des geschlossenen Ausstellungsraumes, um Bilder veröffentlichen zu können, so sie denn digital vorliegen. Das Netz erwächst zum fliessenden Ausstellungsraum - im Hinblick auf die Grenzen zwischen privat und öffentlich, auf die Grenzen zwischen Medium, Werkzeug und Kulturraum - und damit auf die Wiederverwendung von (alten) Bildern über die Zeit.

Während im Top-Down-Modus klassischer Sender

irgendwelche Gatekeeper die gesellschaftlich prägende Bilderflut definierten (bis hin zu "designten" Kriegsaufnahmen), demokratisieren Web-Plattformen wie z.b. Instagram, Pinterest und Youtube das Spiel mit den Bildern. Nicht nur kann jede/r diese Dienste kostenfrei nutzen. Diese Plattformen bedienen auch das Bedürfnis nach "shared intentionality" (siehe Kapitel 6) - und damit ermöglicht dieser visuelle Austausch auch eine universale Verständigung der Nutzer/innen. Mit dieser wechselseitigen Sichtbarkeit verändert sich langsam die Welt, inklusive der Wahrnehmung politischer Subjekte und der Machtverhältnisse.

Visual Literacy und Netzkompetenz

Forciert wird dieser Wahrnehmungswandel durch den ökonomischen Druck, den der Bilderrausch auslöst. So leitete Pinterest bereits im ersten Halbjahr 2012 mehr Traffic zu den Bildanbietern als Suchmaschinen oder sonstige Social-Media-Kanäle. Und wie eine Studie im Spätsommer 2012 diagnostizierte, geben Pinterest-Nutzer/innen zudem mehr Geld aus als andere Besucher/innen. Diese Entwicklung wird Konsequenzen für das SEO-Management von Firmen haben - damit weiterer Bilder-Content in die Plattformen tragen und das visuelle Bedürfnis von Menschen forcieren.

Wir können seit einiger Zeit diesen Wandel des Trägermediums von Bedeutungsinhalten beobachten. Das Bild rückt zum Text auf und bildungsbürgerliche Mainstream-Vertreter/innen sehen ihre Deutungsmacht schwinden. Parallel fordern einige Wissenschaftler/innen seit den 1990er Jahren eine "ikonische Wende", um philosophischen Fragestellungen über eine interdisziplinäre Untersuchung von Bildaussagen nachzuspüren (statt wie bisher primär über die Auslegung von Texten).

Seitens des Bundes und der EU wurden verschiedene Forschungsverbünde gefördert, die der Bedeutung von Bildkompetenz nachspüren. Unser Eindruck bislang ist allerdings der, dass hier sehr alte, kunsthistorische Ansätze der Analyse von Bildaussagen in die Neuzeit verlängert werden, die sich einzig auf die mediale Ebene der Bildnutzung beziehen. Alle uns bekannten Definitionen zur "Visual Literacy" oder "Visual Competence" verstehen sich als Teil der Medienkompetenz und insistieren auf der Notwendigkeit eines kritischen Umgangs mit Bildaussagen, die man pädagogisch v.a. bei Heranwachsenden qualifizieren müsste. Dem Phänomen einer Netzkompetenz, die sich gleichzeitig informell und ästhetisch einfach ausprägt, wird selten bis nie nachgegangen.

Im vorherrschenden Diskurs wird das Internet konsequenter Weise auf das Medium verkürzt (was will uns die/der Autor/in sagen?). Diese Sichtweise ignoriert meines Erachtens den sozialen Aspekt des "Sharens": Einerseits der individuellen Freude an einer nonverbalen Dokumentation des Gefallens (je nach Plattform: Retweet, iLike, +1, <3) und andererseits des assoziativen Aufgreifens einer anderen Idee auf der Werkzeug-Ebene, sprich der (schnellen) Weiterverarbeitung vorhandener Dateien. Hier entsteht derzeit ein neuer, spaßvoller, universaler Kulturraum. Kompetenzbildung im Zeitalter kollaborativer

Plattformen nimmt Abkürzungen und verläuft nicht mehr in geordneten Bahnen des klassischen, linearen Kompetenzzirkels von Produktion über Distribution zu Perzeption, Interpretation und Rezeption. Und, für viele schwierig anzuerkennen: Die visuelle Kompetenz der Aktiven ist oftmals höher einzustufen als die der Theoretiker/innen.

Blickt man so auf das Thema "Visual Literacy", kommt auf einmal dem visuellen Code in der kreativen Netzwerkgesellschaft eine wichtige sozialisierende Rolle zu. Web-Ästhetik, Streetart, Graffitis, Gadgets und Mode gelangen beispielsweise in die Rolle wichtiger "pädagogischer" Einflüsse auf die (Re-)Kreation visueller, digitaler Artefakte. Je nachdem, mit welchen Schichten der kreativen Klasse man in Berührung kommt und welchen kulturellen Habitus deren zentrale Keyplayer hinsichtlich von Bildkomposition, Produktion und Distribution pflegen, wird entscheidenden Einfluss auf die eigene vernetzte, aktive und passive Bildverarbeitung haben. Es geht dabei nicht primär um die mediale Wirkung der konkreten

Bildaussagen, sondern um soziale Aspekte des Austauschs und der Teilhabe.

Was wir derzeit beobachten können, ist ein Verwischen von subkulturellen Grenzen, eine Toleranz von wechselseitigen "Mashups", eine Auflösung konkreter Zielgruppen und Szenen.

Wie also selbst als Person mit diesen Entwicklungen umgehen?!

Beitrag der Visual Literacy für Flow im space of flows

Oben hatten wir bereits angedeutet, wie sich durch die sozio-technologische Ebene ein Wahrnehmungswandel der Welt vollzieht. Dieser Wandel bezieht sich nicht nur auf neue Sichtachsen. Vielmehr "stellt sich die Frage, in welcher Weise in der Vielfalt von fixierten und bewegten Bildern soziale und gesellschaftliche Zusammenhänge nicht nur bildlich repräsentiert, sondern auch im Sehen und in Prozessen der Sichtbarmachung erzeugt werden", wie Roswitha Breckner anführt. In der basisdemokratischen

Bildproduktion steckt somit ein Moment der Konstruktion von Wirklichkeit(en), an dem man sich im kollektiven Verbund beteiligen kann.

So dienten Fotos schon immer als visuelle Repräsentation der "praktische[n] Selbstvergewisserung über das eigene Leben", sagt Stefan Guschker. Und da der Einzelne "bedeutungsvoll nur in Abhängigkeit vom Anderen" existiere, "ist in privaten Fotos die ganze Gesellschaft stets mit im Bilde". Fotos wirken somit als wesentlicher Bestandteil sozialer Sinnbildungsprozesse, vergleichbar zu anderen Bildproduktionen (wie Malerei, Film, Video, Infografiken o.ä.). Und erst recht, wenn die Ausstellungskonzepte von einer Darstellung individueller Leistungen abrücken und sozial erweiterte, integrative und nicht pädagigische Ansätze verfolgen.

Im Frühjahr 2012 besuchten wir eine Fotoausstellung in Central L.A., in der die Geschichte des klassischen Einwanderer/innen-Bezirks entlang privater

Fotoaufnahmen erzählt und von einem Fotografen in die Gegenwart verlängert wurde. Die Ausstellung war ein großer Erfolg für die Bewohner/innen, da sie erstmals die soziale Dimension ihrer Familienbilder über diese öffentliche Begehung erfuhren.

Für Einzelpersonen besteht die Herausforderung nunmehr darin, sich auf den Kreislauf des visuellen Austauschs einzugrooven. Die Erfahrung auf einzelnen Plattformen aktiv zu suchen und sich mit den sechs Creative Commons-Lizenzen zu beschäftigen, um die rechtlichen Möglichkeiten der Be- und Verarbeitung vorhandener visueller Erzeugnisse abschätzen zu lernen - und ggf. die eigenen Kreationen in den Kreislauf über die Freigabe einzelner Rechte einzuspeisen.

Und wer eine Andockstelle für den visuellen Austausch sucht: Man findet unsere visuellen Pins unter: http://pinterest.com/frolleinflow/

Literatur

Breckner, Roswitha (2010): Sozialtheorie des Bildes. Zur interpretativen Analyse von Bildern und Fotografien

Guschker, Stefan (2012): Bilderwelt und Lebenswirklichkeit. Eine soziologische Studie über die Rolle privater Fotos für die Sinnhaftigkeit des eigenen Lebens

Mitchell, W.J.T. (2009): Vier Grundbegriffe der Bildwissenschaft

Aufgabe 7: Wie Visual Literacy mich unterstützen kann.

Stelle Dir den Pfeil als Zeitreise vor, der Dich von Deinem jetzigen Startpunkt aus zur Bewältigung Deiner Herausforderungen führt. Notiere rechts am Pfeilende Deine nächste, selbst gewählte "Challenge". Markiere Deine "Missions" als Meilensteine auf dem Pfeil. Versuche Dich in einer Visualisierung der zu bewältigenden "Tasks", um diese "Missions" zu erreichen - inklusive der größten Hürden.

Die Reise nach ...

Es geht nicht um grafische Virtuosität, sondern um eine bildliche Annäherung an die nächsten Schrittfolge. Auch Humor kann hier durchaus hilfreich sein.

FLOWSHOWER

8 | Daten & vernetzte Identitäten

Das Problem der Ich-Erzählung trotz Datenspuren

Die Netzwerkgesellschaft konfiguriert sich also rund um dezentrale, vernetzte Projekte, die auf verschiedenen Ebenen angesiedelt sind. Der einzelnen Person obliegt es jetzt, sich möglichst im Flow in den space of flows zu stürzen, um Netzwerkknoten auszuprägen, die genügend relevantes Potenzial für verschiedene Netzwerke haben. Von aussen betrachtet haben diese Netzwerke womöglich gar nichts miteinander gemein, wohl aber aus Sicht einer Person, die an diesen beteiligt ist oder sein will. Die Person wird nämlich versuchen, für sich selbst einen Zusammenhang herzustellen, weil nur so eine sinnvolle Identitätsbildung für sie möglich ist. Identität meint dabei eine biographische Erzählung für Dritte, die die persönliche Vergangenheit mit der Gegenwart und den potentiellen Zukünften in Verbindung bringt. Die Person bildet dabei eine primäre Identität aus, die den jeweiligen Netzwerk-Identitäten einen Rahmen vorgibt. Sie spielt Theater, um ihre verschiedenen sozialen Rollen zusammenzubringen. Und sie sollte gut Theater spielen und selbst daran glauben. Denn es ist eine stabile Identität erforderlich, um ihre potenzielle Bedeutungslosigkeit als Netzwerkknoten für ein Netzwerk ggf. zu verkraften.

So weit, so gut. Aber es geht noch weiter.

Bei der Nutzung der diversen digitalen Spielereien ziehen wir bekanntlich eine Datenspur hinter uns her, die über aggregierende Algorithmen ein Bild von uns und unserem sozialen Umfeld generiert, das immer weniger Raum für tatsächliche Authenizität bietet. Die digitale Identität bewegt sich nämlich in einem Kontext gesellschaftlicher Rahmenbedingungen (Politik, Gesetze wie die geplante Vorratsdatenspeicherung, Datenschutz etc.), wirtschaftlicher Interessen (z.B. die Verifizierung realer Menschen in den Web 2.0-Diensten), technologischer Dynamiken (z. B. Cloud Computing) und sozio-kultureller Vorstellungen von Identitäten. Leider fallen bei diesem Zusammenspiel jede Menge Daten an: Bei der Interaktion zwischen Nutzer/innen und System ebenso wie zwischen Nutzer/innen und Inhalt - und auch beim Austausch der Nutzer/innen untereinander.

Eine Flucht vor dieser Datenflut bietet keinen Ausweg, weil auch das soziale Umfeld aktiv ist und darüber indirekte Datenspuren zur Person entstehen. Wir werden sukzessive hineingezogen in die digitale Netzwerkgesellschaft - ob wir wollen oder nicht. Eigentlich suchen die meisten Menschen auch keinen absoluten Ausweg, weil sie gerne die Vorteile, Gestaltungsspielräume und Einflussmöglichkeiten der Netzwerkgesellschaft geniessen. Aber wenn wir dann vernehmen, dass in Schweden der Bargeld-Verkehr eingestellt werden soll oder in Estland das Finanzamt automatisch mit dem Bankkonto verbunden ist, um auf der Basis der Einnahmen die Steuern in fünf Minuten zu berechnen, schlucken wir in Deutschland schon sehr schwer.

Was also tun als Otto Normalverbraucher/in?

Halten wir es mit David Weinberger, der als Lösung für den Information Overload noch mehr Informationen fordert? Noch tiefer in die Netzwerkgesellschaft einsteigen, damit man diese aktiv mit gestalten kann statt nur passiver Datenlieferant zu sein? Wie nutzt man die Vorteile der bereit gestellten Netzwerk-Umgebungen für sich optimal und behält weiterhin die Kontrolle über eine authentische Erzählung der eigenen Biographie? Wie wird man aktiver Part der Netzwerkgesellschaft - auch jenseits der bekannten Pfade in der Offline-Welt? Wie organisiert man sich optimal? Und gleich vorweg: Es gibt nicht DEN goldenen Pfad, der jedem Charakter entspricht. Man muss sich schon selbst damit beschäftigen ...

Identität als Narration

Bei der Diskussion des "Ichs" schießt jedem wohl der eingängige Titel von Richard Precht ins Gehirn: "Wer bin ich - und wenn ja, wie viele?" Nun geht es bei der Suche nach der persönlichen Identität eigentlich immer darum, als Individuum eine stringente Narration für das eigene Leben zu finden und dabei so zu leben, dass andere Menschen einem diese Erzählung abnehmen. Denn erst über die Rückspiegelung des erzählten Ichs prägt sich eine stabile Identität aus. Dieser Kern verhält sich dabei nicht statisch, sondern befindet sich in stetigem Wandel - die Narration bildet den roten Faden. Und damit eine Grundlage für persönliche Authentizität.

Die Ausprägung der individuellen Identität erfolgt demnach in zwei Stufen: Sie entspringt zunächst dem Selbst, der Persönlichkeit, dem privaten Kern, so wie die Person von anderen gesehen werden will. Aber erst in der Rückspiegelung dieser externen Wahrnehmung auf das Selbst entfaltet sich die eigene Identität. Erzählung und Wahrnehmung gleichen sich sukzessive an - im Grunde ähnlich zur "Lean Startup Methode", wie sie derzeit in Businesskreisen diskutiert wird. Entsprechend bildet sich auch die unternehmerische Identität erst langsam als Unternehmensphilosophie aus, wie sie von den Mitarbeiter/innen und Kund/innen gesehen werden soll und zurückscheint. Eine Erzählung ohne Resonanz beim Publikum trägt nichts zur Identitätsbildung bei. Ähnlich verhält es sich mit der gesellschaftlichen Identität, die als Meta-Erzählung vom kulturellen Kern berichtet, wie er von der Gesellschaft und von anderen gesehen werden soll - nicht als abstraktes Konstrukt, sondern als gelebte, geteilte Kultur der beteiligten Akteure.

Algorithmen, digitale Gesellschaft & Identität

Nun wird diese Kultur wesentlich von den digitalen Netzwerken mitgeprägt.Die Menschen bewegen sich bewusst oder zumeist unbewusst durch die verschiedenen Ebenen der digitalen Netzwerkgesellschaft. Sie benutzen Geldautomaten, ziehen Warenhaus-Karten durch den Scanner, tanken mit der Kreditkarte, telefonieren mit dem Handy, suchen etwas in Google und chatten mit Freund/innen und Familie - und mehr. Alle digital vernetzten Aktivitäten ergeben zusammen genommen ein sehr genaues

Bild, so man diese Daten zusammenführe. Genau um diesen Umgang mit diesen existenten Daten geht es bei den Diskussionen rund um Vorratsdatenspeicherung, Datenschutz, Copyright und Patentierungen.

Sich nicht am digitalen Leben zu beteiligen, bietet keinen Ausweg. Über die sozialen Interaktionen von Bekannten gelangen persönliche Daten ins Netz. Indem diese ihre persönlichen Adressbücher mit der "Cloud" abgleichen, sind postalische und eMail-Adresse längst mit dem Geburtstag irgendwo synchronisierbar. Auch das soziale Umfeld ist dadurch fortgeschritten bekannt, je mehr Personen sich über die sozialen Netzwerke verbinden.

Schließlich vermögen Google- und Amazon-Algorithmen den einzelnen Menschen aufgrund eigener Aktivitäten in ein persönliches Profil zu giessen, das der "Wahrheit" relativ nahe kommt. Ganz zu schweigen von ID-Karten, Firmen-Zugangscodes, digitalem Personalausweis, genetischem Fingerabdruck und Iris-Erkennung, die ihren Beitrag zur digitalen Identität leisten. Jedwede Narration enthält plötzlich eine gewisse Brüchigkeit, die jederzeit durch einen nächsten digitalen Dreh und weiterer Vernetzung ihrer Fiktion beraubt werden kann - wir sehen das gerade im Zusammenhang mit den vielzähligen Plagiatsaffären. Das Bild, das die digitalen Spuren offenbaren, ist weitaus genauer und authentischer als jedwede selbst gewählte Erzählung.

Identität 2.0 für einen Menschen als soziales Wesen

Aber lässt sich nun eine moderne "Identität 2.0" auf die digitale Identität reduzieren? Ich denke nicht. Für einen identitätsstiftenden Individuationsprozess ist neben einer zunehmenden Ausdifferenzierung auch ein stabilisierender Sinnstiftungsprozess erforderlich. Der Mensch ist nicht nur das, was er/sie tut, sondern was als persönlicher Kern in den Handlungen durch schimmert.

Der sozialen Beziehungen braucht es, um sich selbst als Mensch zu vergewissern. Und dabei kann das Netz unterstützend wirken. Nicht nur als Resonanzboden für die eigenen Broadcasting-Aktivitäten, sondern auch als vernetzter Input-Geber. Das persönliche Netzwerk entwickelt sich zum erweiterten Ich. Je besser dessen Qualität und je fluider die Schnittstellen, desto stärker wachsen Schein und Sein zusammen. Den Qualitätsmaßstab setzt das Individuum. Es existiert keine standardisierbare Norm mehr.

In der Netzwerkgesellschaft hat sich aus den kulturellen Codes und Praktiken der sozialen Bewegungen heraus seit den 1960er Jahren ein "vernetzter Individualismus" (nach Barry Wellman) ausgeprägt. Personen verbinden sich, um ihre Probleme mit ihrem Netzwerk gemeinsam zu lösen. Die sozialen Netzwerke im Internet helfen ihnen dabei, ihre persönlichen Netzwerke zu erweitern. Allerdings sind dadurch neue Zwänge der Visualisierung und Vernetzung entstanden, die an sich keine autonome Entscheidung mehr für oder gegen die Online-Teilhabe gewähren. Das Netz wird zum Herrschaftsorgan, da es einer geteilten Kultur der Protokolle und Werte bedarf, um innerhalb von Netzwerk-Projekten miteinander kommunizieren zu können. Unterwirft man sich diesem nicht, bleibt nur der Rückzug hinter alte Symbole und Werte, die mit den Aktivitäten der globalen Netzwerkgesellschaft zusehends weniger gemein haben.

Um also zurückzukommen auf die Frage, wie sich eine persönliche Identität im 2.0-Zeitalter jenseits von Selbstmarketing ausprägen kann: Je stärker sich unsere Ausflüge in die virtuellen Netzwerke verzweigen und je dezentraler wir die Online-Angebote auf unsere Bedürfnisse zuschneiden, desto bedeutsamer wird die integrierende Kraft einer persönlichen Erzählung, die zurück scheint, um die losen Fäden zusammenzuführen. Individuellen Online-Aktivitäten wie z.B. (Micro-)Blogs kommt eine immer grössere Bedeutung für das eigene Storytelling zu.

Die persönliche Netzumgebung zur Kontrolle über die eigene Erzählung

Blogs können ein probates Mittel darstellen, den eigenen Online-Aktivitäten einen Sinnzusammenhang mitzugeben. Nicht jede/r aber bringt eine Blogger-Persönlichkeit mit. Blogs mit ihrem selbstdarstellerischen Moment bedürfen einer sozio-kulturellen Prägung, die eher maskuline Gesellschaften im Sinne Hofestedes mitbringen (vgl. Kapitel 5). Blogs bedienen die Medien-Facette des modernen Webs. Femininere Kulturen hingegen bevorzugen den sozialen Austausch und nutzen das Web lieber als Kulturraum. Insofern bedienen Blogs nur eine Option, wie man eine narrative Interpretationshilfe der vielfältig anfallenden Daten bereit stellen kann. Vielmehr geht es darum, ein persönliches "E-Portfolio" aufzubauen, dessen Inhalt sich aus verschiedenen technologischen Quellen speist.

Ein E-Portfolio dient im Kontext eines Netzwerkes einerseits der Selbstreflexion und anderseits der Kollaboration bzw. der Selbstdarstellung. Als

Individuum zielt der Aufbau dahin, die eigene Entwicklung zu systematisieren, um eine sinnstiftende, authentische Erzählung auszuprägen. Die erzählte Identität kann der Verfolgung eigener Interessen und Zielsetzungen dienen, aber auch als Andockstelle in der Netzwerkgesellschaft wirken. Inwiefern eine standardisierte Tool-Umgebung zum Aufbau individueller ePortfolios bereit gestellt werden sollte, ist umstritten. Ich persönlich votiere in Richtung selbstbestimmter Online-Arbeitsumgebungen, die sich auch zu diesem Zwecke nutzen lassen.

Als Handlungsorientierung für den Aufbau einer geeigneten Umgebung liesse sich eine Adaption der "Business Model Canvas" von Alexander Osterwalder andenken. Vergleichbar zum Aufbau eines "Lean Startups" liesse sich eine "Lean Identity" konstruieren, die im ständigen Wechsel zwischen Selbstreflexion und Selbstdarstellung ihren Wert, ihre "Identität 2.0" ausprägt und hinterfragt.

Für interessierte Personen geht es darum, solch ein Modell als kontinuierlichen Prozess zu verstehen, um sich im Fluss in der Zeitgeschichte zu verorten und einen dynamisch mitwachsenden Standpunkt einzunehmen. Eine Identität mit Gestaltungsanspruch in der Netzwerkgesellschaft verharrt nicht auf früheren Verfestigungen ("das habe ich schon immer so gemacht"), sondern sucht nach Anknüpfungspunkten, um die früheren Erfahrungen in die moderne Zeit zu transferieren.

"Lean Identity" bedeutet demnach, sich in regelmäßigen Abständen als vernetzte Person zu hinterfragen, sich weiter zu entwickeln und sich immer wieder auf's Neue zu positionieren, indem man Verantwortung für sich selbst und seine Umwelt übernimmt. Dabei möchten wir Sie unterstützen!

Du kannst die Learning Model Canvas online downloaden und ausdrucken:

http://bit.ly/ learningmodelcanvas

Literatur

Osterwalder, Alexander & Pigneur, Yves (2010): Business Model Generation

FLOWSHOWER

Aufgabe 8: Thema 8 | Learning Model Canvas.

Angelehnt an die "Business Model Canvas" von Alex Osterwalder, hier eine Vorlage, wie man seine persönliche Netzumgebung als E-Portfolio planen kann.

Learning Model Canvas

SELBSTREFLEXION

SELBSTDARSTELLUNG

Problemstellungen
Welche 3 Herausforderungen sind Dir momentan am wichtigsten?

Lösungen
Mit welchen 3 Komponenten möchtest Du in Deiner Online-Umgebung den Herausforderungen v.a. begegnen?

Wert
Wer bist Du? Wie lautet Deine persönliche Erzählung?

Besonderheit
Welche Netzwerke führst Du als Netzwerkknoten zusammen?

Zielgruppe(n)
Für wen stellst Du Dich eigentlich dar?

Schlüsselaktivitäten
Mit welchen Prozessen möchtest Du Dich zwingen, die Komponenten zu nutzen?

Genutzte Kanäle
Welche Online-Kanäle nutzt Du, um auf Deinen Beitrag aufmerksam zu machen?

Kosten
Welche Hürden musst Du nehmen?

Gewinn
Was hast Du von all diesen Aktivitäten?

Angelehnt an www.businessmodelgeneration.com/canvas

© 2012 | FrolleinFlow | FLOWSHOWER.COM

FLOWSHOWER

9 | Macht & Einfluss in der Netzwerkgesellschaft

Das Problem mit den Schlaufen & den Strickmustern

Wer kennt das nicht? Man beschäftigt sich jahrelang mit einem Thema, denkt es durch, treibt es voran - und wenn das Thema endlich im Mainstream angekommen ist, kommen ein paar gut vernetzte Schlaumeier des Weges entlang und reklamieren sehr lautstark das Thema für sich. So surfen manche "Experten" von Thema zu Thema, erweitern nebenbei ihr Netzwerk und profitieren vom Wellengang. Diese alltägliche Praxis kann einen ärgern, ist aber letztlich ein gutes Beispiel für die Macht von Netzwerken.

Damit ist, wie schon über die letzten Kapitel wiederholt dargelegt, nicht nur das klassische "Vitamin B" gemeint (wobei dies weiterhin sehr hilfreich sein kann) - nein, wir sprechen hier von diesen "Schlaufen" im Castell'schen Sinne, die als Netzwerkknoten fungieren. Diese Schlaufen können Schnittstellen zwischen dem Selbst und dem Netz sein oder dem Netz vor Ort mit den virtuellen Netzwerken oder die Verbindung zwischen den globalen, temporären Netzwerken auf einer Ebene mit denen anderer Ebenen. Gesetzt aber den Fall, man hätte sich in der einen-oder-anderen Weise als kleinerer oder größerer Netzwerkknoten etabliert:

Wie kann man jetzt am besten den Lauf der Dinge verändern? Wo setzt man an?

Abschließend werden wir also versuchen, die verschiedenen Fäden der vergangenen Kapitel aufzugreifen und zusammen zu führen. Es geht letztlich darum, das persönliche Einflusspotenzial zu identifizieren - auch wenn unsere individuelle Kompetenz durch viele externe Faktoren eingeschränkt ist.

Welchen Spielraum haben wir als Individuen, uns mit unseren Schlaufen mit anderen zu verstricken? Und wo kann jede/r Einzelne entsprechend der persönlichen Interessen aktiv werden und die "Creative Network Society" mit konfigurieren?

Rückblick auf bisherige Überlegungen

PROBLEM

1. In der Netzwerkgesellschaft konfiguriert sich die Welt rund um Netzwerke, die in vielschichtigen Projekten gemeinsame Werte im wechselseitigen Austausch ausprägen. Als Netzwerkknoten können Personen ebenso dienen wie Institutionen, Regionen, "Communities" oder "Networks of Practice". Castells unterscheidet bei den Personen zwischen "producers of high value" und "producers of high volume", die als "relevante Netzwerkknoten" die globale Netzwerkgesellschaft am Laufen halten. Es bedarf eines qualitativen Zugangs am "space of places" zum "space of flows", um sich kreativ an der fliessenden Weiterverarbeitung von digitalen Körpern im Sinne der persönlichen, beruflichen, sozialen und politischen Ziele beteiligen zu können.

2. Will man sich als "relevanter Netzwerkknoten" qualifizieren, können klassische Bildungskarrieren kaum helfen. Vielmehr gilt es, die sich derzeit eröffnenden Möglichkeiten der modernen Bildungsindustrie im Sinne einer "Open Education" für die Weiterentwicklung zu nutzen. Das Netz als persönliche Arbeits- und Lernumgebung wahrzunehmen, ist eine wesentliche Voraussetzung für kreative Akteure.

3. Nun sind wir alle auf verschiedenen Ebenen vom "Digital Divide" (Access, Skills, Content, Motivation und Repräsentation) betroffen. Da gesellschaftliche Faktoren oftmals einem aktiven Flow in der Netzwerkgesellschaft im Wege stehen, kommt jedem Einzelnen eine Verantwortung zu, an den sozialen Rahmenbedingungen mitzuschrauben. Auch über zivilgesellschaftliche Aktivitäten können kreative Akteure zu "producers of high value" aufsteigen.

INSTRUMENTE

4. Ein möglicher Antrieb, um Verantwortung in der Netzwerkgesellschaft zu übernehmen, ist "Flow" - als optimaler Zustand innerer Erfahrung. Es geht darum, sich entlang verschiedener Herausforderungen kreativ weiter zu entwickeln und später diesen Prozess selbstreflexiv auszuwerten, um als Person zu wachsen. Autotelische Persönlichkeiten sind hier im Vorteil, wenn auch eingebettet in gesellschaftliche und technologische Rahmenbedingungen, deren Einfluss auf den persönlichen Flow in der Netzwerkgesellschaft sehr hoch einzuschätzen ist.

5. Das mentale Programm einer Person setzt sich aus genetischen und gelernten Komponenten zusammen. Letztere werden wesentlich geprägt durch das vielfältige Wechselspiel von tradierten, regionalen Einflussfaktoren einerseits und neuen, globalen andererseits. Über

Netzwerkknoten suppen kulturelle Werte und Praktiken aus dem "Web 2.0" in die regionale Kultur ein. Für kreative Personen besteht die Notwendigkeit, die Kulturtechniken aktiv mitzuprägen, um Einfluss auf die sich entfaltende Gesellschaft zu nehmen.

6. Von der Spielekultur können Kreative insofern lernen, wenn sie die vergnüglichen sozialen Aspekte des gemeinsamen Spiels auf die Netzkultur übertragen. Vergnügen entsteht dann, wenn Anreize, Flow, Feedback und Reflexionen zielorientiert vonstatten gehen. Persönliche Verantwortung für die verschiedenen Flow-Dimensionen zu übernehmen, kann in der Folge dazu beitragen, nicht nur einen vernetzten, positiven Flow zu generieren, sondern diesen Prozess auch als Glück zu empfinden.

VERNETZUNG

7. Ein niedrigschwelliger Zugang zur Vernetzung stellen derzeit visuelle Plattformen dar. Sie bedienen eine anthropologische Determinante, nämlich den einfachen Austausch von Eindrücken über ein ästhetisches Medium. Die Attraktivität des schnelldrehenden Netzaustausches liegt auch in der Erweiterung des Mediums hin zum Kulturraum mit Werkzeugcharakter begründet. Über mobile Endgeräte verlängern sich "reale", urbane, visuelle Eindrücke ins Netz. Es entstehen neue, hybride, sozialisierend wirkende Geflechte an Einflussfaktoren

8. Nun sorgen sich viele Personen, sich aktiv im Netz zu beteiligen. Die Gründe dafür sind vielfältig - neben persönlichen Ängsten stehen hier v.a. die kulturelle Netzwerkkompetenz und technologische Inkompetenz einer weiteren Durchdringung

der Netzwerkgesellschaft im Wege. Für kreative Menschen wird die pro-aktive Nutzung des Netzes für die identitätsstiftende Narration unumgänglich

9. Schließlich befinden wir uns im letzten Kapitel des FlowShowers. Angesichts der bisherigen Ergebnisse stellt sich die Frage, welches Potenzial der einzelne Mensch nunmehr hat, in der Netzwerkgesellschaft seine Interessen konstruktiv und machtvoll einzubringen.

Wie gelangt man in eine Machtposition?

Macht wird ausgeübt, wenn der Wille einiger Subjekte anderen aufgedrängt wird. Als Wurzel zur Macht gilt gemeinhin die Kontrolle über die Gewaltmittel zur Durchsetzung des Willens. In unserer derzeitigen Weltgesellschaft wird dem Nationalstaat das souveräne Gewaltmonopol zugebilligt. Ihm obliegt es, die kulturelle Hegemonie innerhalb des Staates entlang der innerstaatlichen Machtkonstellationen durchzusetzen. Nun haben wir es aufgrund der Globalisierung und dezentralen Netzwerke mit einer Krise der nationalstaatlichen Legitimation zu tun. Politische Entscheidungen lassen sich nur noch selten innerstaatlich aushandeln - die eigentliche Tagespolitik vollzieht sich auf den Fluren eines komplexen, globalen Mehrebenensystems. Hier spielen sämtliche Kräfte rein, die sich als politische Akteure für ein bestimmtes Themenfeld positionieren.

Neben der aktuellen Tagespolitik bestimmen institutionelle Strukturen und kultureller "common sense" die grundlegende Ausrichtung von Politik. Vor allem letzterem, dem Kampf um die kulturelle Hegemonie kommt eine grosse Bedeutung zu, will man die zukünftige Ausrichtung mitgestalten. Hier gilt es, Gruppen zu formieren, die die vermeintlich "objektiven" Strukturen der Gesellschaft manipulieren. Über solch "cultural hacks" von institutionellen Gewohnheiten lässt sich ggf. langfristig eine Gesellschaft verändern, deren positive Erfahrungen in den genetischen Code einer regionalen Kultur übergehen.

Macht, in diesem Lichte betrachtet, entspricht also einem endlosen Kampf um die kulturellen Codes einer Gesellschaft. Verfestigte Strukturen vertreten alte kulturelle Praktiken - als Motor neuer Codes wirken soziale Bewegungen. Sie sind diejenigen, die als moralisches Gewissen die bestehende kulturelle Hegemonie herausfordern und transformieren. Macht in der Netzwerkgesellschaft bedeutet demnach, die Ziele eines Netzwerkes kulturell (mit) zu prägen. Dies gelingt, wenn ein Netzwerkknoten als Scharnier zwischen verschiedenen Netzwerken vermitteln kann. Diese Fähigkeit, verschiedene Netzwerke miteinander zu verbinden, ist ein wesentlicher Machtfaktor in der heutigen Zeit. Eine Veränderung vorhandener Machtstrukturen ist über die symbolische Gewalt attraktiver, alternativer Netzwerkverbindungen möglich.

Beispiele für erfolgreiche Schlaufen

Ein aus meiner Sicht sehr gutes Beispiel eines modernen Netzwerke-Scharniers ist die "Digitale Gesellschaft e.V.". 2010 gegründet, engagiert sich der Verein für Bürgerrechte und Verbraucherschutz aus netzpolitischer Perspektive. Mit dem Kampf gegen ACTA, Vorratsdatenspeicherung und Leistungsschutzrecht und für ein modernes Urheberrecht, Netzneutralität und "Open Data" versucht sich diese "Community of Practice" zwischen sozialer Bewegung und Tagespolitik als Lobby-Verband für eine freie Netzgesellschaft zu positionieren. Sich in diesem Kräftefeld als Ansprechpartner nachhaltig zu etablieren, ist ein wichtiger Schritt, die dezentralen Interessen zu bündeln und die tradierten, institutionellen Strukturen aufzubrechen. Ich denke, wir haben es hier mit einem positiven "Role Model" für weitere zivilgesellschaftliche Institutionalisierungen zu tun und sollten deren Erfahrungswerte in die Gründung weiterer Strukturen einfliessen lassen.

Literatur

Castells, Manuel (2012): Networks of Outrage and Hope. Social Movements in the Internet Age

Steffek, Jens; Nanz, Patrizia (2008): Emergent Patterns of Civil Society. Participation in Global and European Governance

FLOWSHOWER

Aufgabe 9: My Personal Digital Network

Nimm bitte alle Aufgaben zur Hand und gehe Deine Ambitionen jetzt spassvoll und vernetzt an. Dieser Kreislauf kann Dich unterstützen!

AUSGANGS-LAGE (Kap. 1)	SCHNITT-MENGEN (Kap. 2)	NETZWERK-EINFLUSS (Kap. 3)
Welche Ambitionen begegnest Du mit den Heraus-forderungen aus Woche 8?	Wer sind die zentralen Keyplayer in den relevanten Netzwerken?	Wie schliesst Du Deinen persönlichen Digital Divide?
E-PORTFOLIO (Kap. 8)	NET-WORKING (Kap. 9)	FLOW (Kap. 4)
Welche Rolle übernimmst Du in Deinem Spiel?	Welche Netzwerke verbindest Du?	Welche Fähigkeiten benötigst Du?

CHALLENGE (Kap. 7)	SPASS (Kap. 6)	NETZ-KULTUR (Kap. 5)
Welche "Missions" und "Tasks" stehen jetzt an?	Welche Spielregeln gibst Du Dir?	Welche Hemm-faktoren solltest Du überwinden?

Über die Autorin

Dr. Anja C. Wagner beschäftigt sich mit globaler Bildungspolitik im digitalen Wandel. Sie war mehr als zwei Dekaden in digitalen Bildungsprojekten als Konzepterin und Projektmanagerin tätig - für DAX-Unternehmen, NGOs und selbstständige Initiativen. Hinzu kommen zehn Jahre Lehr- und Forschungstätigkeit in Hochschulen. Sie gilt als kreative Trendsetterin und bezeichnet sich selbst als Bildungsquerulantin.

Mit dem Unternehmen **FrolleinFlow GbR** bietet

sie heute Studien, Vorträge, Consulting und verschiedene Online-Projekte an. Damit sollen Menschen, Institutionen aber auch Regionen an moderne, vernetzte Lern- und Arbeitsumgebungen andocken können.

Weitere Infos

Im Web:

http://acwagner.info

http://frolleinflow.com

E-Mail:

acw@frolleinflow.com

WEITERE BÜCHER

ERSCHIENEN BEI FROLLEINFLOW HOUSE

1. Laurençon, Angelica; Wagner, Anja C.: B(u)ildung 4.0. Wissen im Zeitalter technologischer Reproduzierbarkeit, Berlin 2017

2. Laurençon, Angelica: Arbeit in der VUCA-Welt. Arbeitsmarketing 2.0, Berlin 2016

3. Wagner, Anja C.; Bauch, Nicole et. al: Das ARBEIT 4.0 MOOC Buch: #A40MOOC, Berlin 2016

4. Laurençon, Angelica; Wagner, Anja C. et. al: Arbeitsleben 4.0 - Vom digitalen Wandel profitieren: Tipps für Kleinunternehmen, Berlin 2015

5. Wagner, Anja C.: UEBERflow - Gestaltungsspielräume für globale Bildung, Kassel 2012

BEVOR DU GEHST ...

→ Wenn Dir unser Buch gefallen hat oder Du es für brauchbar erachtest, freuen wir uns über ein gutes Feedback auf Amazon.

→ Du kannst gerne das Buch weiterempfehlen. :-)

→ Wenn Du magst, kontaktiere uns doch über FROLLEINFLOW. Anfragen an Anja leiten wir gerne weiter. Wir freuen uns darüber!

www.ingramcontent.com/pod-product-compliance
Lightning Source LLC
Chambersburg PA
CBHW071307220526
45468CB00001B/291